AF474601

DE 1788,

OU MÉMOIRES D'UN JEUNE FRANÇAIS PASSANT A TRAVERS LA RÉVOLUTION;

PAR A. V. D. P. F.

TOME

A PARIS,

CHEZ BERQUET, LIBRAIRE,
QUAI DES AUGUSTINS, N° 39.

1829.

LE JEUNE

SÉMINARISTE

DE 1788.

TOME II.

IMPRIMERIE DE BRODARD, A COULOMMIERS.

LE JEUNE SÉMINARISTE DE 1788,

OU MÉMOIRES D'UN JEUNE FRANÇAIS PASSANT A TRAVERS LA RÉVOLUTION;

PAR A. V. D. P. F.

TOME SECOND.

A PARIS,
CHEZ BERQUET, LIBRAIRE,
QUAI DES AUGUSTINS, N° 39.
1829.

LE SÉMINARISTE DE 1788.

SUITE DU CHAPITRE V.

Son voyage fut heureux et la voilà jusqu'au 9 thermidor dans le tombeau de l'oubli. Fut-elle au moins reconnaissante? Cette vertu n'a jamais germé dans le cœur de personnes qui ne rêvent que priviléges, distinctions sociales, honneurs et rétributions pécuniaires. Une fois le danger passé, ne s'imaginent-elles pas que vous leur êtes redevables de la gloire que vous avez acquise en sauvant des jours si précieux? La marquise partit un jour sans dire adieu, même à ses hôtes, dont elle avait reçu tant de bienfaits, tant de soins, tant de marques d'une bienveillance minutieuse. Que devint-elle? Je n'en ai jamais rien su. Et l'on ne m'a parlé qu'après sa fuite, de toutes ses intrigues pour rompre une union qui l'avait sans doute choquée, qui avait déconcerté tous ses projets; vous le voyez, lecteur, on rencontre encore quelquefois des Phèdres et des Sténobées. L'on verra dans la suite que le gentilhomme d'Aulon ne fut pas tout-à-fait étranger à cette scandaleuse manoeuvre : le beau couple! qu'ils eussent été bien assortis! Mais abandonnons et la police et le parc aux cerfs, et continuons notre voyage si tragiquement interrompu.

J'entrai dans la capitale vers le milieu du mois de novembre. L'aspect d'une si grande ville bouleversa toutes mes idées; cette immense réunion d'hommes sur un point presque imperceptible de la surface terrestre effraya mon imagination. L'extrême opulence et l'extrême misère y sont toujours en présence et comme deux camps ennemis toujours prêts à s'entrechoquer.

Hélas! ce choc fatal venait d'avoir lieu. J'en voyais les malheureuses traces au front des vaincus, sur lequel se peignait alternativement la crainte, la tristesse, et la taciturne frayeur. On reconnaissait les vainqueurs à leur arrogance, à leur audace, à leurs excès quotidiens. Je ne fus donc pas étonné, quand l'on me raconta, quelques jours après mon arrivée, les désordres du 20 juin si fallacieusement déguisés dans les écrits dont les provinces étaient inondées; le criminel attentat du 10 août dont les suites épouvantèrent même les artisans secrets de cette conspiration; les affreux massacres de septembre... Je ne pus voir sans indignation les innombrables essaims de hideux piquiers remplaçant cette belle garde nationale, naguère l'effroi de la licence et l'admiration de l'Europe. Je frémis en apercevant ces bataillons de mégères en guenilles assiéger la convention nationale, et dicter des lois à ces despotes qui prétendaient en dicter à tous les peuples, à tous les souverains; et non loin de ce repaire démagogique, le palais de nos rois désert, n'offrant qu'un énorme squelette dépouillé de tous les ornemens devenus la proie d'une populace aussi barbare que stupide. Non, me disais-je à moi-même, ce n'est pas le parti de ces monstres que j'ai embrassé! non, ce n'est point pour enhardir les sicaires stipendiés d'un machiavélique gouvernement que nous avons abandonné notre patrie, nos foyers et tout ce que nous avions de plus cher au monde!

Je désirai connaître ces Girondins qui, dans nos départemens, jouissaient d'une réputation colossale. Que d'énormes fautes ils avaient commises! eux seuls, néanmoins, pouvaient nous sauver, et ce fut avec eux que je mesurai toute la profondeur de l'abîme sur les bords duquel ils nous avaient placés. Témoin de leurs efforts, j'applaudissais à leur courage. Un jour, en entendant Biroteau, mon ami particulier, lancer l'anathème contre ces factieux couverts de sang et d'opprobre, je ne pus m'empêcher de dire à haute voix : *Que c'est beau!*

rien de plus vrai. — « Monsieur va dîner sans doute chez madame Roland. » Je me retourne pour voir d'où partait cette voix rauque et funèbrement émoussée par l'usage habituel des liqueurs fortes. Quel visage, grand Dieu! Bien supérieure en cynisme à la Norna de Walter-Scott; un murmure confus me fit pressentir que je ne sortirais pas impunément des tribunes de la convention. J'appréhendais un coup de Jarnac; tout était à craindre de la part de ses coupe-jarrets; je saisis le moment où Robespierre montait à la tribune au milieu des applaudissemens ou plutôt des hurlemens de ses satellites à bonnets rouges, pour opérer une retraite qui n'était pas sans danger. Elle fut clandestine, mais honorable; j'attendis dans la salle des conférences l'ami Biroteau, non afin qu'il me servit de sauvegarde; sa qualité de représentant ne le mettait pas à l'abri des outrages, mais pour rire de mon désappointement et du dîner de la dame, réellement ministre de l'intérieur. En sortant du manége, ô sort terrible et funeste!

ne suis-je pas reconnu par ma redoutable Antianire et désigné comme un agent de Pitt et Cobourg. Nous pressâmes le pas pour n'être point enveloppés; prudemment agi, car les sicaires de septembre ne plaisantent pas. Nous en fûmes quittes pour une grêle de pierres qui nous menaçaient du supplice de saint Étienne; heureusement une foule de jacobins sortaient alors de la séance, et la tempête cessa crainte que les foudres lithocopes ne vinssent frapper la tête de ces intéressans trésoriers. Après tant de tribulations, j'arrive dans mon domicile sans avoir laissé de membre sur le champ de bataille. Une lettre de Cécile me fit oublier un moment les mésaventures de la journée. Elle exigeait de moi les plus grands détails sur la situation de Paris; sur le fameux procès; sur les infortunés que l'inexorable destinée avait précipités du haut d'un trône dans une affreuse prison d'état. Comment lui communiquer toute ma pensée? les brigands en possession de la poste aux lettres avaient aussi leur cabinet noir;

comme de nos jours les jésuites et leur infernale sequelle. Les extrêmes se touchent; entre les jacobins blancs et les jacobins rouges presque nulle différence, c'est la même impéritie politique, la même ignorance, la même stupidité, la même soif de sang. L'athéisme d'un côté, la superstition de l'autre laisseraient immobile et perpendiculaire la languette de la balance. *La Quotidienne* et *la Sentinelle*, *la Gazette de France* et *le Père Duchesne*, ne marchent-ils pas sur la même ligne? Ne sont-ils pas les uns et les autres les agens intéressés de la discorde? Ne prêchent-ils pas la guerre civile pour arriver à la suprême puissance?

Les Girondins avaient aussi quelques émissaires; presque tout le midi partageait leurs opinions; vers la fin de décembre, je pus enfin répondre. La poste n'était chargée que d'annoncer mon existence, et pour cela, quatre lignes suffisaient; mais les détails que l'on demandait auraient sans doute fait un voyage vers les cartons du comité de salut public, et le rédacteur privé de sa liberté serait allé, dans les prisons du Luxembourg ou de la Force, apprendre à respecter les actions républicaines de la philantropique société des frères et amis : je ne puis résister au désir de donner au public quelques fragmens de cette lettre :

« Où suis-je, mon excellente amie, dans » une ville? dans un enfer? Quel assem- » blage incohérent de choses et de per- » sonnes!.... A force d'examiner, de ré- » fléchir, je suis parvenu à diviser cette » immense population en deux grandes par- » ties, les bourreaux et les victimes. Dans » la première classe, on peut comprendre » tout ce qui ne vivait avant la révolution » que d'un travail manuel; à cet énorme » noyau se sont réunis tous les chevaliers » d'industrie de la capitale et des princi- » pales villes de la France; ils traînent à » la remorque une infinité d'hommes fai- » bles ou séduits ou persuadés qu'en lou- » voyant, ils parviendront à conduire leur » frêle embarcation. Cet amalgame ne te

» surprendra pas dans une capitale où, les » habitants ne se connaissant pas, l'intérêt » de sa propre conservation force chacun » à porter fréquemment ses pensées sur soi-» même ; et, ce premier pas fait, l'égoïs-» me frappe à la porte. De là cette iner-» tie des Parisiens à l'époque des massa-» cres. Quelques nobles se sont jetés à » corps perdu dans le parti ; n'ont-ils pas » été lancés dans cet égoût par le dépit et la » vengeance?... Peu ou presque point de » membres de l'ancien clergé.....

» Les victimes sont nombreuses, les vingt » mille signataires de la protestation faite » à l'époque du 20 juin, et c'est l'élite des » citoyens de Paris ; tout ce qu'il y a de » distingué dans les lettres, le commerce » et la magistrature. Cet ensemble serait » formidable s'il y avait de la force, de l'é-» nergie, de l'élévation dans l'âme et quel-» que attachement à la patrie dans la plu-» part des individus qui la composent. Ils » savent que nous sommes ici huit à dix » mille hommes pour les seconder, et ils res-

» tent plongés dans la plus léthargique apa-
» thie. On parle, on s'indigne, on gémit.
» Et comme la tortue, on se renferme dans
» son écaille. Le personnel et le matériel
» d'une immense artillerie sont au pouvoir
» de nos ennemis; et qu'importe, ils seront
» demain à qui les paiera? Ce corps est trop
» éclairé pour ne pas abhorrer le despotisme
» et la tyrannie sous quelques formes qu'ils
» se présentent.....

» Les partisans de l'ancien régime intri-
» guent et se cachent. En vain vous écrit-
» on dans les provinces que tous les roya-
» listes sont enfermés et gardés comme ôta-
» ges; les trois quarts de ces malheureux
» prisonniers sont les partisans de la mo-
» narchie tempérée par les lois, et les amis
» de la véritable liberté. L'autre quart se
» compose de moutons. Les chefs de cette
» petite, mais dangereuse faction ne tien-
» nent pas plus à la famille des Bourbons
» que tu ne tiens au dey d'Alger; il ne leur
» faut que l'ancien régime et ses abus,
» moins les parlemens.....

» C'est au milieu de ces trois sections que » s'agitent les Girondins : les premiers sont » leurs ennemis mortels ; ils ne sont pas ai- » més des victimes dont ils ont causé l'in- » fortune et les malheurs ; quant aux au- » tres, ils seraient tous prêts à servir la Gi- » ronde, mais la Gironde les redoute et » craint de s'en servir. Elle a fait un effort » inutile en novembre pour abattre les deux » têtes de l'hydre ; tôt ou tard elle en sera la » victime.....

» Je ne sais dans quelle intention, Du- » mouriez avec son aide de camp, le jeune » d'Orléans, a paru tout-à-coup à Paris ; » il vient, dit-on, se concerter avec le pou- » voir exécutif pour l'ouverture de la cam- » pagne prochaine. Sa taille n'est pas en » proportion avec son courage et ses talens ; » (cette lettre a été écrite à la fin de 1792) ; » on pense généralement qu'il est venu pour » examiner de près les deux partis et pren- » dre ensuite une détermination. Je le crois » fort embarrassé. Il paraît fort en colère » contre les commissaires de la convention

» auprès de son armée; ils font dans la Bel-
» gique un épouvantable ravage, s'aliènent
» l'esprit des peuples, et nous privent des
» ressources que pouvait nous assurer la
» conquête. Feu de paille, ne partage-t-il
» pas avec eux? Il est reparti sans parler
» du procès, et nous laissant dans des
» transes mortelles; un revers et ce grand
» homme sera la victime de ses incerti-
» tudes.....

» Le procès se poursuit et j'ai vu
» Louis XVI à la barre de la convention.
» Oh! grand Dieu, grand Dieu, ne le sau-
» verons-nous pas! Tu connais toute ma
» sensibilité, les larmes roulaient dans mes
» yeux, vainement je les essuyai, leur abon-
» dance aurait pu me trahir. Je disparus;
» à peine dans les Tuileries, un officier s'a-
» percevant de mon agitation, m'accoste
» et me dit : *Tout est prêt pour le coup de*
» *main*... Le traître! il venait de nous dé-
» noncer au ministre et voulait augmen-
» ter le nombre de ses victimes... Je suis
» en congé, lui dis-je et ne sais rien de ce

» qui se passe ni ne veux le savoir... Je » laisse là mon espion et cours au rendez-» vous,... personne. Le ministre instruit à » temps, avait consigné dans leurs casernes » les troupes soupçonnées de fédéralisme, » c'est le mot technique; et les officiers » étaient surveillés avec une rigueur qui » tenait de la tyrannie; partie remise, » partie perdue. Et je crains que l'on ne » nous expulse de la capitale. Pauvre » Louis XVI!.....

» J'ai fait à la politique sa part, et certes, » elle est copieuse. Es-tu contente de la mar-» quise? Se résigne-t-elle? Et les savannes » du nouveau monde! Peut-on se résoudre » à les oublier! Ah! mon aimable amie, » qui donc n'oublierait pas l'univers..... » Un moment; avec le scalpel de l'amère » critique l'on disséquerait ma période, et » l'on tomberait ensuite à bras raccourci » sur le pauvre absent bien et dûment con-» vaincu d'adulation quoiqu'il n'ait ex-» primé réellement que ce qu'il pense, et la » minime partie de ce qu'il sent. Je voudrais

» bien savoir comment t'a trouvée la dame
» aux larges paniers? Bien provinciale, sans
» doute, bien simple, sans usage, et donnant
» à chaque chose le nom propre qui lui con-
» vient. Fi! quelle horreur! ces pauvres
» petites bergères sentimentales ne sont ja-
» mais qu'à la mode qui n'est plus; laisse-
» les dire, ma Cécile, laisse-les dire. Ces
» Parisiennes, si fières, si présomptueuses.
» Eh bien la nature ne les a pas favorisées;
» tant s'en faut! Disons-le franchement,
» elle les a traitées en marâtre. Elles m'ar-
» racheraient les yeux de la tête si ce frag-
» ment de ma lettre tombait entre leurs
» mains, je ne l'ignore point; bien avan-
» cées! La vérité ne serait-elle pas toujours
» la vérité, quand un étranger, mille étran-
» gers auraient de la part de ces Junons
» modernes subi le supplice de Tiré-
» sias?

» Parcourons un moment les différentes
» classes; la dernière est hideuse, et ferait,
» comme dit notre proverbe dans la vieille
» Occitanie, fuir une procession de capu-

» cins; la seconde, moins obscène et moins » difforme, n'est point cependant hors de » la sphère dans laquelle la laideur a cir- » conscrit ses créatures. Pour corriger ce » défaut, qui dans les femmes simples et » modestes n'en est pas un, elles appellent » à leur secours le cynisme et l'effronterie, » vrai moyen, moyen bien choisi de se » rendre aimables et intéressantes.

» Dans la troisième, de grandes préten- » tions à l'esprit, mais nul jugement; » beaucoup d'idées, parce qu'elles ont sans » cesse devant les yeux une multitude » d'objets de comparaison; mais elles n'en » cherchent que le côté plaisant : c'est ainsi » qu'elles se sont fait une réputation d'es- » prit que tu ne voudrais pas acquérir à ce » prix. On trouve dans cette classe quel- » ques femmes passables, mais sans fraî- » cheur; ce n'est pas, il est vrai, leur » faute, car cela dépend de l'humidité du » climat et de l'air vicié qu'elles respirent » sans cesse : leur poitrine est rarement » bien ornée; pour obvier à cet inconvé-

» nient, elles se mettent à la presse dans
» leurs ingénieux corsets; qu'arrive-t-il de
» cette gêne? que leur taille est grêle et
» non pas mince, que les deux globes font
» le cul de lampe, et qu'on les prendrait
» toutes pour des clepsydres. Elles ne man-
» quent enfin, ni de grâce ni de légèreté
» dans leur démarche, et ne ressemblent
» pas à nos belles dames de province, au
» pas lent et mesuré, comme les vestales
» de Rome quand elles portaient les vases
» sacrés. Mais cette désinvolture, si vantée
» par un moderne philosophe, n'est autre
» chose que l'habitude contractée dès l'en-
» fance de marcher vîte, prestesse nécessaire
» dans une ville si grande; et due à l'atten-
» tion continuelle d'éviter avec célérité les
» embarras et les obstacles, si fréquens
» dans une si populeuse cité. Que te dirais-
» je de leur coquetterie? tu crierais à la
» calomnie, quand je ne serais pas même
» médisant... Tout n'est que calcul, conve-
» nances et manie de briller dans les liai-
» sons légitimes, pire encore dans celles

» que les lois n'autorisent point; enfin, » l'on pourrait ici représenter l'amour sans » ailes ni carquois, sans flèches ni flam- » beau; mais on ferait bien de lui laisser » le bandeau, et de placer dans une de ses » mains la corne d'abondance, vers la- » quelle se dirigerait l'index de sa droite. » Ce ne sont pas les Parisiennes seules que » j'accuse de ce travers; toutes les grandes » villes placées à cette élévation du pôle » ont la même physionomie...

» Pour la quatrième classe, n'as-tu pas » sous les yeux un modèle; toutes les fem- » mes de la caste privilégiée semblent avoir » été jetées dans le même moule. D'une » immoralité révoltante pendant les der- » nières années du règne de Louis XV; » inconséquentes et légères dans la nou- » velle cour, elles sont devenues presque » toutes dévotes et superstitieuses; Dieu » veuille leur faire miséricorde, et leur » accorder des attraits qui les rendent au » moins supportables : la noblesse pari- » sienne peut avoir un sang illustre, je

» n'en doute pas, mais elle n'a pas un beau » sang.....

» Ne s'est-on pas aussi avisé de diviser » les courtisannes en trois classes : les *lou-* » *ves*, je me sers de cette expression prise » dans le dictionnaire d'une langue morte, » pour bien rendre mon idée, et ne pas » blesser en même temps la délicatesse de » tes oreilles; *les pensionnaires*, renfer- » mées dans une espèce de couvent, et » soumises à tous les caprices, à toutes les » volontés d'une supérieure dont l'or cou- » vre la turpitude à peu près comme le » fard efface les rides d'une septuagénaire; » enfin, *les femmes entretenues*, comé- » diennes pour la plupart, et toujours » prêtes à jouer leur rôle, soit sur la scène, » soit dans leurs appartemens. Pour moi, » des trois ordres, je ne forme qu'une » masse infecte et capable de soulever le » cœur. Sans pays ni patrie, sans vices ni » vertus, sans mémoire ni prévoyance, le » moment présent est tout pour elles. Gé- » néralement nées dans la dernière classe

» de la société, dont elles sont l'écume
» effervescente, sous leur casque de plu-
» mes, leurs étoffes transparentes ou leurs
» riches pelleteries, elles en ont conservé
» les moeurs, les habitudes, les goûts et la
» grossièreté. Rien n'égale le dégoût qu'in-
» spirent à l'honnête homme ces misérables
» créatures. Elles sont quelquefois vaines,
» dit-on, et dédaigneuses; où diable va
» donc se nicher l'orgueil et la vanité?
» Elles ne sentent pas que de cascade en
» cascade elles tomberont dans un hôpital,
» ou bien dans les bras d'un espion de po-
» lice; c'est une loi physique, le miasme
» putride attire le miasme. On prétend
» qu'elles sont ici la sauve-garde des fem-
» mes honnêtes; et depuis quand les fem-
» mes honnêtes ont-elles besoin d'une pa-
» reille sauve-garde? Quand une femme
» se respecte et se circonscrit dans le cercle
» qu'autour d'elle a tracé la nature, il n'y
» a que la scélératesse qui puisse les atta-
» quer, et les filles publiques n'arrêteront
» point les scélérats; mais quand on veut

» tout faire, et jouer sur la scène du » monde le rôle que la nature a destiné à » l'homme, il faut bien en subir tous les » désagrémens; les filles publiques ne les » écarteront point: elles sont donc inutiles, » et le funeste exemple qu'elles donnent » devrait seul les faire expulser...

» Dans ma prochaine, si toutefois les ja- » cobins m'en donnent le temps, je te par- » lerai des édifices, des théâtres, de la mu- » sique et du climat, presque insupportable » pour moi; le soleil s'est mis, je crois, à » la mode, il s'est avisé d'émigrer... »

La fin de cette lettre, toute relative à nos intérêts particuliers, n'aurait aucun intérêt pour le lecteur, et je la supprime.

Les victoires remportées à l'extérieur, et que les jacobins s'attribuaient, les regardant comme une conséquence des mesures vigoureuses prises en septembre, leur donnaient l'audace et la férocité des tigres. Plus nous voyions leur acharnement, plus nous étions décidés à leur arracher la victime, qu'ils avaient résolu de sacrifier.

L'imprudence et les fausses mesures des partisans de l'ancien régime venaient souvent détruire ou rendre impossibles celles que nous avions prises de concert avec les gens honnêtes; et, de plus, nous étions protégés par un grand parti dans la convention même. Les royalistes étaient dévoués à leurs anciens maîtres, mais ils étaient présomptueux, maladroits; c'est à leur ineptie que j'attribue la non réussite de nos projets; ils voulaient bien de nous, mais en sous-ordre. Mes négociations avec M. de Gaillac, ancien capitaine des gardes-du-corps, ne réussirent point, parce que, si nous avions le même but, nous n'étions pas d'accord sur les résultats après le succès : nous fûmes donc forcés de les abandonner à eux-mêmes. Ils persistèrent dans leur plan, se trompèrent, et nous empêchèrent par leurs folles entreprises d'exécuter la nôtre.

La municipalité de Paris, dont les membres avaient tous été pris dans les égoûts de la capitale, nous présentait d'abord un obstacle presque insurmontable; mais, vus de près, ces Briarées n'étaient pas aussi terribles qu'on le croyait. Malgré leurs prétentions à l'incorruptibilité, qu'il eût été facile, avec un peu d'adresse, de les endormir ou de s'en défaire! En développer la possibilité, ce serait me précipiter dans des détails plus inutiles qu'intempestifs; ces hommes, que j'ai vus souvent, ne m'inspirèrent jamais que du mépris ou de la pitié; c'étaient des misérables vendus ou à vendre; avec de pareilles gens, il y a toujours de la ressource pour un coup de main, ensuite on les abandonne.

Nous commencions cependant à respirer, quand la témérité d'un jeune chasseur réveilla les cerbères que nous avions assoupis. Dans les différentes casernes de Paris, on envoyait tous les matins une nuée de vociférateurs publics, colportant les discours prononcés la veille à la convention par les ambidextres de la montagne. L'un de ces animaux beuglans vint le jour de la Noël crier à tue-tête au milieu de nos chasseurs endormis : *Superbe discours de l'incorruptible Robespierre, du patriote par excellence!* A ces clameurs souvent répétées, un sergent, jeune homme aussi instruit que vigoureux, se lève, prend le ceinturon de son sabre, et vous applique de main de maître une vingtaine de coups solides de cette épaisse lanière sur les épaules du stentor politique. Les camarades, éveillés par les cris plaintifs du battu, se réunirent au sergent, persuadés qu'il châtiait un voleur, et le drôle n'eut d'autre ressource que la fuite, qu'il accéléra, non sans recevoir mille témoignages de la bienveillance que portaient ces jeunes guerriers aux échos stipendiés des *frères et des amis*.

Plainte aux jacobins; tapage infernal dans cette infernale caverne; plainte au ministre; plainte au comité des recherches. Je parvins, avec beaucoup de peine, à faire entendre à mes supérieurs que l'on n'avait puni le criard que parce qu'il avait troublé le sommeil des militaires à cinq heures du matin; mais le corps n'en fut pas moins un objet d'animadversion pour les jacobins; les brigands se vengèrent par des assassinats partiels qui me causèrent la plus vive affliction.

La Gironde cependant ne perdait pas courage, et l'on était presque assuré de la majorité des représentans, quand un infâme déserteur, que je ne nommerai pas, il est assez connu, l'opinion publique et les lois en ont fait justice, abandonna lâchement nos rangs et passa dans les camps ennemis avec armes et bagages, c'est-à-dire avec tous les moutons qu'il traînait à sa suite : il est seul la cause de la mort de Louis XVI et de son intéressante famille. Nous fîmes bien encore quelques efforts; mais dans nos réunions il se glissait toujours quelque espion, et nos projets se trouvaient déconcertés avant d'avoir pris même une résolution définitive. C'est ainsi que ne purent avoir de succès la surprise méditée sur le Temple, la réunion à la place Vendôme, et la tentative faite dans le couloir des Feuillans.

Dès cet instant je prévis la fatale catastrophe; tous les détails en sont consignés dans l'histoire, pourquoi les rappeler? Le jour fatal arrive; nous fûmes consignés en grande partie, et l'on ne prit qu'un faible détachement, que l'on confina dans les Capucines, à la garde des assignats, c'est-à-dire au timbre sec de la monnaie courante. Plus d'espérance! de dépit je quitte l'uniforme, et, sous le simple habit bourgeois, je parcours, avec une indifférence extérieurement simulée, tous les groupes formés depuis le temple jusqu'à la place Louis XV. Partout un morne silence, une tristesse sombre, tous les indices d'une profonde douleur, et pas le moindre mouvement, pas la moindre étincelle d'énergie, nulle idée d'opposition ou de résistance; l'énormité du crime paraissait avoir glacé tous les courages, anéanti toutes les forces morales et des royalistes et des Girondins. Ce n'étaient pas les cent mille piquiers en guenilles, ni leurs bonnets rouges, qui produisaient cette stupéfaction générale : trois régimens bien armés et bien organisés les auraient facilement mis en déroute; mais cent bouches à feu garnissaient la place et les avenues des Champs-Élysées ; à la moindre tentative, les barbares auraient noyé Louis XVI dans une mer de sang. Cet appareil formidable me glaçait d'effroi. Lorsque j'entendis le roulement ordonné par Santerre, je n'ai jamais ressenti de tourmens plus horribles ; il me semblait que toutes les furies, tous les bourreaux de l'univers s'acharnaient à déchirer mon cœur et mes entrailles. Ma tête, en proie à ces vives douleurs que donne la fièvre la plus ardente, n'était plus en état de diriger mes pas; errant à l'aventure, ce ne fut qu'après six heures d'une marche incertaine et vagabonde que j'arrivai dans la rue Verte, où j'avais mon logement; et, pendant ces six heures, je ne vis rien, je n'entendis rien; je ne m'aperçus point si les ombres de la nuit avaient effacé les traces d'une si fatale journée. Dans ce moment de trouble, d'agitation, de fureur même, je résolus d'écrire et de donner ma démission ; il n'en était plus temps, hélas! ma raison la première m'avait donné son congé ; j'étais retombé dans le triste état où m'avait plongé la mort de ma mère.

CHAPITRE VI.

RETOUR DANS MES FOYERS. VOYAGES EN ESPAGNE. L'HERMITE. LES MIQUELETS.

Le jour, je paraissais jouir de toutes mes facultés intellectuelles ; mais les nuits étaient affreuses ; l'horrible roulement retentissait sans cesse à mes oreilles, et j'imitais ces sons lugubres avec une vérité qui renouvelait toutes mes angoisses ; je ne rêvais que piques, sang, carnage, bouleversement ; je gémissais sur des monceaux de cadavres ; je brûlais de venger leur mort, et je frappais indistinctement tous ceux qui se présentaient devant moi ; mes yeux convertissaient toutes les coiffures en bonnets rouges, et ma bouche ne proférait que ces mots bien articulés : *Monstres*, *barbares*, *cannibales*, *Cromwels!*

J'avais quelques amis et dans mon corps et dans la ville; mais un seul jusqu'alors possédait toute ma confiance. Paraissait-il, je devenais calme et tranquille; s'éloignait-il, je retombais dans un autre accès de frénésie. Il me prodiguait ses soins : que ne me laissait-il périr! je n'aurais pas du moins été convaincu de son atroce perfidie; car si j'existe encore, à qui le dois-je? au hasard, à l'adresse de ma Cécile. Le délateur! devait-il me conduire au pied de l'échafaud? On me défendit de m'occuper d'affaires publiques; tous les livres qui demandaient une trop grande contention d'esprit me furent enlevés; on ne me laissa que des ouvrages agréables et pleins de sentiment; c'était l'unique moyen de faire diversion. J'étais naturellement gai, mais extrêmement sensible; mon corps n'était malade que parce que mon âme était troublée; il fallait guérir l'esprit, et le physique reprenait toute son élasticité. Ce fut ainsi que l'on parvint insensiblement à me ramener sans remèdes, sans secousses violentes à ma qualité d'être raisonnable. Mais, en recouvrant ma mémoire, mon jugement et mes esprits, un poids immense venait accabler mon cœur, et me plonger dans la plus noire mélancolie. Comment annoncer ma rechûte à Cécile? Quelle impression funeste produira-t-elle sur sa mère, sur elle-même, sur ses parens? Malgré ses sermens, sa bonne foi, son cœur et son penchant, pouvait-elle, devait-elle, s'unir à son ami, deux fois menacé d'une aliénation mentale? Cette pensée était insupportable pour moi, et c'était pourtant la pensée qui devait se présenter et se présentait en effet sans cesse à mon imagination. Mille fois je formai la généreuse résolution de lui découvrir toute la vérité, mille fois une force majeure arrêta ma main et suspendit mon arrêt de mort. Oui, je l'avoue, j'étais fermement décidé à ne pas survivre à cette horrible catastrophe, et je la croyais inévitable. Je pris enfin, pour l'instruire de ma situation, la voie la plus simple, qui, sans blesser la conscience de l'honnête homme, pouvait ne pas lui enlever tout son espoir. Je lui écrivis, d'une manière fort laconique, qu'une maladie grave m'obligeait de revenir respirer l'air natal, et que je remplirais auprès d'elle les promesses faites dans ma dernière. Si quelqu'un me blâme de ce petit subterfuge, qu'il réfléchisse et descende en lui-même; il s'agissait pour moi de *to by or not to by*, et ce que j'avance est à la lettre. Le sentiment de ma propre conservation l'emporta dans cette circonstance, et je crus qu'en l'instruisant de vive voix je pourrais éviter un malheur plus à craindre pendant mon absence. Auprès d'elle, sa sagacité naturelle porterait un jugement moins défavorable, et je pourrais encore regarder l'existence comme un bien, et non comme un pénible fardeau.

D'après un plan concerté sans doute dans l'antre, toutes les troupes qui formaient la garnison de Paris reçurent l'ordre de partir le 25 février, et le 26, toutes les boutiques, tous les magasins furent pillés, suite nécessaire de l'apathie et de l'égoïsme des Parisiens. Qu'aurait fait la Gironde? elle était paralysée, vaincue, et l'on songeait à la décimer. Quoique porteur d'un congé en forme, que l'on n'avait pu me refuser d'après l'avis de la docte faculté, je suivis assez long-temps mes camarades, qui se rendaient aux Sables-d'Olonne. Je fus ensuite accompagné par un jeune homme qui avait quitté père, épouse, patrie, enfans, pour voler avec nous à la frontière; blessé par les brigands dont j'ai parlé dans le précédent chapitre, il avait obtenu sa réforme et bénissait sa blessure. Ma tête un peu plus saine, mon cœur moins oppressé, la lenteur de notre voiture, qui ne faisait que dix lieues par jour, permirent à mon esprit de juger et de comparer, dans ce voyage assez pittoresque. Au milieu de la vaste plaine de Vatan, j'aperçus la flèche du clocher de Chartres; ce fut là, disais-je, où, après tant de fatigues, tant de travaux, fut sacré l'idole des Français, le grand Henri, dont les monstres ont mis en pièces la statue, et dont l'arrière petit-fils vient de périr comme un malfaiteur sur un échafaud. Orléans et ses forêts, sa vaste place et son pont sur la Loire, ne piquèrent point ma curiosité; mais je cherchais la statue de Jeanne d'Arc; où est-elle, cette héroïne qui a délivré ma patrie du joug humiliant des Anglais? Le vandalisme ne m'empêcha pas de me transporter au quinzième siècle; je la voyais sur les retranchemens ennemis, le drapeau blanc à la main, noblement accompagnée des Dunois, des Lahire, des Richemont et des Xaintrailles. Cette infortunée, après tant d'exploits merveilleux, expira victime des fanatiques stipendiés; un évêque français osa la condamner à mort! et Charles ne fit aucun effort pour la sauver! Les courtisans redoutèrent son austérité; la belle Agnès Sorel craignit une rivale..... Jeanne périt dans les flammes!... Quel vaste champ aux réflexions pour les amis de l'humanité! C'est dans ce tourbillon de pensées que j'arrivai dans les sables de la Sologne. Pauvre pays! il est encore le séjour de l'ignorance et de la stupidité ; mais ses habitans jouissaient alors du calme d'une douce paix. Les factieux n'avaient aucun intérêt à tourmenter ces malheureux ; l'indigence les préserva : les brise-scellés n'auraient point là trouvé leur compte. Et vous, belles rives de la Loire, serez-vous encore ensanglantées par des Condé, par des Turenne? Ce fleuve, qui promène majestueusement ses ondes au pied de vos riches côteaux, roulera-t-il encore des flots de sang? Paisibles colons de ces riches contrées, avant de recevoir, examinez, examinez la main qui vous paie et vous soudoie ! Bords délicieux, vous deviez être un jour plus célèbres encore par la retraite d'une armée de Français, aimant mieux déposer les armes que de déchirer le sein de la patrie en la livrant à toutes les horreurs d'une guerre civile. Que dirai-je du Berry que tout le monde ne sache? Laissons-là Bourges et ses armoiries, qu'elle s'est bien gardée de reprendre ; le Limousin, ses forêts de châtaigniers, ses villes noires et enfumées, ses campagnes stériles et montueuses, ses pauvres villages, tous placés sur le sommet des monts, où gissent encore les débris de la tour féodale, ne parvinrent pas à captiver mon attention. Quelle vaste série de tableaux cependant pour un peintre embrasé par le feu du génie! Et j'étais un pauvre convalescent. La ville de Limoges, suspendue sur une colline, au pied de laquelle serpente la Vienne, me parut comme une forêt de bouleaux avortons et noircis par les frimats; je me crus transporté dans ces hideux climats où la nature expire sous le sceptre de fer de Borée et des Aquilons. Mais un souvenir bannit bientôt ces tristes images. C'est cette même ville qui voulut jadis, avec tant d'énergie, rompre ses fers et se soustraire à l'infâme domination d'un peuple ennemi cruel de la France. Je voyais les flammes dévorer tous ces édifices, et ces malheureux défenseurs de la plus sainte des causes inhumainement massacrés par les satellites du prince noir dont les Anglais exaltent tant l'esprit chevaleresque et la grandeur d'âme. Le sang de ces insulaires circule-t-il encore dans les veines de tes habitans, opulente et triste cité? Ces fiers Bretons remplacèrent tes enfans égorgés. Puissent-ils démentir une si funeste origine! Tels furent mes vœux en abandonnant ces murs pour me diriger sur Brives. A ce mot, je baisse la tête, et ne veux point voir le repaire où naquit le cardinal Dubois. Je passai devant ce vieux château de Noailles, jadis l'effroi du canton, aujourd'hui l'asile de l'infortune; c'est là que vit le jour le plus terrible ennemi de l'odieux Letellier. Salut, généreux et francs Cadurciens, salut; honneur et gloire à la patrie de l'immortel Fénélon! terre vénérable et sacrée, sois fière du magnifique présent que tu fis à la France; que chaque rocher qui borde le lit de la Dordogne porte cette inscription : *Ici fut le berceau du moderne Socrate, du chrétien par excellence, de l'ami de l'humanité.*

En entrant dans ces régions méridionales, le soleil de ma patrie, l'air doux et pur que l'on y respire, l'idiome du pays, tout se réunit pour rendre mes maux moins aigus, mes douleurs moins vives, et mes convulsions moins fréquentes ; je sentis ma tête plus légère, moins de désordre dans mes pensées; mon cœur se dilata, je respirais avec plus de facilité, le sourire parut sur mes lèvres; et si mes visions, si mes rêves fantastiques ne se dissipèrent pas entièrement, quelques accidens agréables et rians en adoucissaient les sombres couleurs. Nous avions parcouru sans aventure fâcheuse les deux tiers de la route, quand un spectacle horrible vint frapper nos regards. Les chemins étaient dans l'état le plus pitoyable; depuis quatre ans que les corvées avaient été supprimées, l'on n'avait fait aucune réparation ni dans les embranchemens, ni sur les sinuosités les plus dangereuses. Les Jacobins s'imaginaient que toute la France était concentrée à Paris, et que les voyageurs, tous aristocrates ou contre-révolutionnaires, ne méritaient aucune espèce de considération ; aussi les frères et amis, dans les provinces, les surveillaient avec une rigueur qui dégénérait en insupportable despotisme.

En descendant, au lever de l'aurore, la côte rapide qui mène au bourg de Souillac, sur les bords de la Dordogne, nous entendîmes des cris plaintifs, entremêlés de longs gémissemens; par prudence, nous avions abandonné la voiture, qui, fortement enrayée, donnait encore la plus grande peine au conducteur; et nous examinions la profondeur du précipice, quand d'un côté nous vîmes une caisse brisée, des roues en éclats, des chevaux étendus et sans mouvement; de l'autre, deux hommes qui ne donnaient aucun signe de vie; non loin de là, gissait une femme grièvement blessée, autant que nous pouvions en juger par ses accens plaintifs, qui par intervalles venaient frapper nos oreilles. Nous volâmes au secours de ces infortunés; hélas! nous ne pûmes sauver qu'un jeune enfant de dix-huit à vingt mois : ce ne fut qu'avec la plus grande peine que nous l'arrachâmes du sein de sa mère, qui, mutilée horriblement, rendait le dernier soupir au moment de notre arrivée. Le retard prolongé du courrier de la malle avait donné quelques inquiétudes aux habitans du bourg; bientôt arrive le directeur de la poste aux lettres; sur sa réqui ition, le maire et le procureur de la commune se transportèrent sur les lieux, pour y remplir les formalités d'usage. Je m'étais emparé de l'enfant, qui pleurait à chaudes larmes, et ne prononçait qu'un seul mot, maman, maman. Ce jeune infortuné n'avait reçu qu'une légère contusion à la tête; les larmes continuelles qui sillonnaient sa jolie figure le rendait plus intéressant encore. Nous désirions savoir à quels parens il appartenait; mais pas un papier dans le sac de nuit de la mère; point de portefeuille : après mille recherches, toutes infructueuses, on trouva parmi les papiers du courrier, une note conçue en ces termes : *Recommandée par le ministre de la guerre au général Servan.* L'on n'ignorait point que cet officier général avait été chargé d'organiser à Toulouse une armée, et de la réunir au pied des Pyrénées, pour repousser les attaques des Espagnols, dont le monarque ne pouvait se dispenser de venger la mort violente du chef de sa famille, et l'outrage sanglant fait à son ambassadeur.

Le maire nous engagea vivement à nous charger de l'enfant, du sac de nuit, du billet, et d'une copie du procès-verbal, afin de tout déposer à l'adresse indiquée. Notre conducteur, qui, sous un habit simple et grossier, portait un cœur sensible et l'âme la plus belle, n'hésita pas un moment, et j'éprouvai la plus grande satisfaction de ne pas me séparer encore de cette innocente victime de la plus épouvantable catastrophe. Il me serait impossible d'exprimer par des signes le plaisir que j'eus à lui prodiguer mes soins, ni toute la peine que je ressentais quand de cette bouche enfantine sortait le nom de *maman*, cette maman qu'il cherchait partout de ses yeux, et qu'il ne devait plus retrouver. Nous partîmes enfin, comblés de bénédictions par les habitans du pays, témoins de notre zèle et de notre activité; mais, à peine sur la route, nous eûmes, pour surcroît de disgrâces, à digérer les longues et déplorables histoires dont ces lieux avaient été les témoins; notre impitoyable conducteur ne nous fit grâce d'aucune; il remonta, je crois, jusqu'au douzième siècle, ne nous épargnant pas les circonstances les plus inutiles, assaisonnant chacune de ses phrases de quelques graves réflexions sur l'imprudence et la maladresse des postillons, que ne corrigeaient pas des exemples aussi frappans que terribles. Le sommeil, après de longs bâillemens, vint me délivrer de cette prolixité; le soporifique eut même quelque influence sur l'enfant, qui ne songea plus à sa mère, et s'endormit dans mes bras.

La journée avait été paisible; nous espérions arriver avant la nuit à Cahors; mais cette sombre divinité trompa les espérances de notre Phaëton. Quelques bruits sinistres circulaient parmi les paysans; ils avaient entrevu des brigands armés, et nous crûmes qu'il y avait de la prudence à passer la nuit dans un hameau voisin; car, quoiqu'à deux lieues de la capitale du Quercy, il fallait cinq heures à notre leste équipage pour les parcourir. Il était nécessaire de grimper dans les nues, et de descendre ensuite jusqu'aux enfers, pour arriver sur les bords du Phlégéton de ce nouveau Tartare, en d'autres termes, du Lot. D'ailleurs, ces lieues de Quercy et de Périgord sont si longues, que dans le pays on leur a donné le surnom de lieues d'amoureux : elles doivent les fatiguer même, qûoiqu'en dise le proverbe. La nuit, nous entendîmes quelque rumeur encore; mais ces bruits vagues et presque invraisemblables ne nous intimidèrent point.

A peine sur les hauteurs qui dominent la ville, notre voiture fut entourée par une vingtaine d'hommes; c'étaient les brigands dont on parlait la veille; ils étaient armés de pied en cap; quelle défense pouvions-nous faire? Nous étions trois, et je n'avais que mon épée! Tandis qu'ils parlementaient avec le conducteur, nous entendîmes de tous les côtés des clameurs et des imprécations. Les paysans, qui surveillaient la marche clandestine de ces militaires, avaient donné l'alarme. Nous reprîmes courage; je dépose l'enfant, que je tenais toujours, que j'avais résolu de protéger aux dépens de ma vie, je m'élance de la voiture, et je me dirige vers celui qui paraissait être le chef de la bande. « Vous êtes officier, me dit-il à l'oreille, officier des bleus; je suis un envoyé du gouvernement, et remplis une mission importante; mais je me trouve à la tête de vingt Vendéens fanatiques décidés, qui se feront hacher, et qui vendront chèrement leur vie; tâchez de calmer cette effervescence. » A chaque minute le rassemblement devenait plus nombreux, et déjà quinze de ces étrangers avaient profité de l'occasion que leur fournissait un brouillard assez épais, pour disparaître, tandis que quatre autres, plus déterminés, se retirèrent dans une mauvaise chaumière abandonnée qui se trouvait à l'angle d'un rocher, dans un défilé fort étroit. Je fis placer le chef dans la voiture, après l'avoir désarmé par précaution provisoirement; je tâchai d'arracher à la mort certaine qui les menaçait les quatre forcenés si résolus à se défendre. « Si nous nous rendons, nous périrons sur un échafaud, me dirent-ils, nous préférons mourir ici de la mort des braves, à notre corps défendant. » Cinq cents paysans couronnaient déjà la crête de la montagne; toute retraite était coupée aux quatre brigands; ils nous opposèrent la plus vive résistance, ils nous blessèrent beaucoup de monde; mais, assaillis de tous les côtés, ils succombèrent, et périrent victimes de leur entêtement.

Pendant l'action, l'on est étonné de ne point voir paraître le prétendu chef; il se passait dans la voiture une scène bien différente; n'avait-il pas reconnu son fils dans ce jeune enfant que nous amenions avec nous à Toulouse? L'enfant l'avait aussi reconnu et s'était jeté dans ses bras. Telle était la situation pénible de cet officier, quand les paysans vinrent le réclamer, sans doute pour lui faire subir le même châtiment qu'à ses quatre complices; je m'y opposai de toutes mes forces, et je parvins, sinon à les calmer, du moins à conduire à Cahors cet individu, qui se trouvait dans un abattement capable d'inspirer la pitié, même à son plus cruel ennemi. Son histoire est trop longue pour trouver ici sa place; je me bornerai seulement à faire connaître au lecteur toute l'étendue de son infortune. Dévoué au parti jacobin, ancien officier de fortune, il avait feint l'émigration, et s'était mis à la tête d'un parti vendéen. Les chefs royalistes, trompés par son ardeur à les servir, lui avaient confié la mission importante de se rendre au camp de Jalès, et lui avaient donné vingt hommes déterminés, dans l'intime persuasion que ces vingt hommes n'avaient qu'à se présenter dans le midi de la France pour entraîner tout le pays, et le faire participer à l'insurrection qui venait d'éclater à l'ouest. On lui avait surtout recommandé d'éviter les grandes villes et les grandes routes. Le défaut de subsistances, qu'ils ne pouvaient se procurer dans le Quercy, même à force d'argent, les obligea d'avoir recours à la maraude, et l'alarme se répandit bientôt dans toute la contrée. Telle fut la cause de leur mésaventure. Tout en répondant à mes diverses interrogations, cet officier me demandait des nouvelles de son épouse; à mon hésitation, il pressentit son malheur; il s'adressa à l'enfant : Et ta maman, où l'as-tu laissée?... *Maman est là-bas, là-bas; elle dort sur la terre; je pleurais, elle ne me répondait pas, et je ne l'ai plus vue. Oh! mon papa, j'ai bien, bien pleuré.* Alors, je me décidai à lui présenter le procès-verbal dont j'avais la copie; il le lut assez tranquillement, ensuite, transporté par l'excès de sa douleur, je lui vis faire un mouvement qui me fit frémir; je m'empressai de placer l'enfant sur ses genoux; il le regarde, l'embrasse, ses larmes coulent, et dès cet instant je fus tranquille. La nature avait triomphé de son désespoir.

Devant la municipalité de Cahors, il tira d'une boîte en argent suspendue sur sa poitrine, et dans laquelle se trouvait un crucifix, une lettre du ministre de la guerre; je n'en voulus pas voir le contenu. On ne conserva point le moindre doute; mais on l'engagea vivement à se rendre le plutôt possible à Toulouse. L'occasion était favorable; il se réunit à nous, et, malgré la nuit et les mauvais chemins, le conducteur se décida à nous conduire à Caussade, où nous jouîmes de quelques instans de repos, après trois journées d'alarmes et d'inquiétudes. L'enfant reprit un peu de gaîté, mais il ne quittait jamais la main de son père.

Nous aperçûmes le lendemain, sur le Tarn, la ville de Montauban. Rien ne pouvait me distraire; le plus profond silence régnait dans notre voiture. Elle n'est plus, me disais-je à moi-même, elle n'est plus entourée de ces épais remparts aux pieds desquels vint se briser la fortune du roi Luines. Cet homme, que l'histoire nous présente affable, doux, humain, bienfaisant, n'avait pas rougi de confisquer à son profit tous les biens du maréchal d'Ancre. Comme elle était vile, insolente et séditieuse, cette aristocratie dont parvint à débarrasser la France le ministre Richelieu! S'ils s'étaient tous entre-détruits les uns les autres, l'opposition opiniâtre et constante de leurs successeurs aux saines maximes de la raison n'aurait pas enfanté cette horrible anarchie qui dévorait la France, à la grande satisfaction du cabinet britannique.

Nous arrivâmes enfin à Toulouse, et notre premier acte fut d'aller déposer entre les mains du général Servan et le père et l'enfant. L'officier général reconnut aussitôt son ancien compagnon d'armes, et l'embrassa avec la plus grande cordialité. Notre rôle se terminait là. Le conducteur demande un reçu de toutes les pièces remises, et nous rentrons au logis bien allégés, mais contens de notre conduite dans tout cet embroglio. Je reconnus dans la suite en Espagne cet officier métamorphosé en chef de brigands ; il ne fut point ingrat, et me rendit de très grands services à l'époque où j'étais vivement poursuivi par le comité de salut public et le proconsul Chaudron Rousseau.

A peine dans l'immense ville qu'arrose la vieille Garonne, j'apprends que toute ma famille s'y trouve réunie pour assister aux nôces de M. mon aîné. Les flèches qui l'avaient blessé n'avaient pas été toutes prises dans le carquois de Vénus, le plus grand nombre, si je ne me trompe, avaient été trempées dans les eaux du Pactole, et ce furent celles qui pénétrèrent le plus profondément dans le cœur du jeune légiste. La future n'était pas absolument mal ; mais que de charmes factices sait vous donner un riche héritage. Pour moi, je ne considérai que la personne. Je crus m'apercevoir qu'elle n'avait pas reçu l'éducation la plus distinguée ; toujours occupée de danse et de toilette, la demoiselle n'avait pas voulu se donner la peine d'examiner seulement les signes qui représentent aux yeux les opérations de l'esprit humain. En digne membre de la Basoche, il avait, sans violence néanmoins, emporté la place d'assaut : le cas était urgent ; il fallait sur-le-champ consacrer, par les lois humaines et divines, une union déjà peut-être naturellement contractée. J'assistai donc à la solennité ; l'accueil que l'on me fit n'annonçait pas un grand plaisir de me voir ; je n'étais pas du goût de la citoyenne ; ma figure n'était pas belle ; je l'entendis quelquefois même s'exprimer avec trop d'énergie sur l'irrégularité de mes traits, sur les traces qu'avaient laissées à mon visage la maladie dont les croisés avaient enrichi leur patrie, en compensation de l'or qu'ils avaient apporté dans les plaines brûlantes de la Syrie et de la Palestine; d'ailleurs, je ne savais pas danser, à ses yeux, défaut, travers, que dis-je, vice qui n'admettait pas le pardon ni l'excuse ; ensuite, j'étais timbré ; mes livres et mes connaissances ne m'arracheraient pas à l'indigence, et je serais un jour à la charge de la famille. L'on se décida cependant à m'accorder les honneurs de l'hospitalité. Quant à mon père, il me reçut avec son indifférence ordinaire; je crus cependant entrevoir sur sa physionomie un léger nuage de tristesse. L'on croyait fermement être à jamais débarrassé de moi, et je revenais malade, ce qui jetait dans cette réunion domestique un air de contrainte et de mécontentement dont je ne m'aperçus que trop. Je dis à monsieur mon aîné que je voulais absolument partir; pour ne point me contrarier, ou craignant une scène capable de troubler la fête, l'on m'expédia le lendemain sur le bateau-poste du canal royal; mais, afin de ne point violer toutes les convenances, l'on me donna pour compagnon de voyage mon jeune frère, qui avait aussi pris le parti des armes, officier dans un corps pour le moment en garnison à Toulouse. Il ne fut pas difficile, pour une aussi bonne œuvre, de lui obtenir une permission d'un mois; son chef était à la disposition de la famille, comme on le saura bientôt.

Dans ce petit voyage, je repris toute mon ancienne gaîté; le plaisir de me rapprocher de ma Cécile me fit oublier les affreuses et déplorables scènes dont j'avais été le témoin dans la capitale, et le triste accueil que j'avais reçu de toute ma famille réunie à Toulouse. Mon jeune frère, fort jovial, spirituel même, mais jacobin déterminé, comme l'étaient à cette époque presque tous les officiers de l'armée des Pyrénées, ne laissa pas de me divertir par ses saillies; sa mémoire était farcie d'anecdotes piquantes, de traits bizarres et singuliers, de bons mots d'une malice et d'une causticité foudroyantes; il avait l'art d'arranger à la Beaumarchais tous les proverbes de notre pays, où, malgré la fine critique de Michel *Cerventès,* et le comique rôle de *Sancho Pança,* l'on avait conservé l'antique habitude d'ajouter à chaque phrase, pour donner plus de relief à la pensée, une de ses sentences sur lesquelles le temps avait imprimé le sceau de la vétusté; il disait hautement que la politique n'était pas la science des jeunes gens, et qu'il ne s'enfoncerait jamais dans ce labyrinthe, par lui regardé comme l'antre de Trophonius.

Il avait fait ses premières armes sous les ordres d'un oncle, ancien officier de génie, fine lame sous tous les rapports, ennemi mortel de l'ancien ordre de choses, quoiqu'appartenant à la caste privilégiée, parce que, cadet de famille, il avait été la victime des substitutions. Il était instruit, habile mathématicien, mais trop ami des plaisirs et du jeu. Foulant aux pieds l'usage ordinaire aux vieillards d'écarter les jeunes gens, soit par jalousie, soit par respect pour l'âge, de toute scène libidineuse dans laquelle ils veulent jouer un premier rôle, il admettait l'adolescent officier dans le temple de la volupté, duquel n'étaient pas exclues les premières prêtresses de la Thalie toulousaine. Dans une de ces réunions, où, comme chez les anciens, on fêtait avec solennité son génie, il résolut de l'initier dans les mystères de la bonne déesse; il le mit aux prises avec une jeune première, d'une expérience consommée, pour laquelle un jeune officier novice et d'une fraîcheur appétissante était une bonne fortune. Après un échange mutuel d'expressions adulatrices, et peut-être de promesses moins exposées aux attaques de l'inconstance, on convint de ne pas se séparer, même dans les bras de Morphée. « En m'embras-» sant, me disait mon étourdi, car c'est » de lui que je tiens tous ces détails, en » m'embrassant, la comédienne jouait son » rôle à ravir; l'on aurait cru qu'elle pen-» sait réellement tout ce que sa bouche » exprimait par habitude du métier. Pres-» sée par mes instances, elle capitule, se » rend, non sans ajouter avec beaucoup » d'amabilité : *Je te gâte, mon petit, je te* » *gâte*, et la perfide syrène réellement me » gâtait. Mon oncle a beaucoup ri de l'a-» venture. Pour moi, je ne veux plus mon-» ter sur les planches; le terrain n'est pas » solide; à chaque pas un gouffre, un

» abîme, un précipice. Ma blessure ne fut » point mortelle; mais trente jours à la » diète, juge quel supplice! »

Il me raconta mille autres extravagances qui me déridèrent pendant la route, heureux d'avoir à mes côtés un compagnon de voyage si gai, car notre société n'était ni fort aimable, ni fort communicative; elle se composait d'un Anglais, assez bel homme, mais il avait les cheveux d'une couleur de feu si éclatante qu'ils auraient pu lutter avec les rayons de l'astre du jour. Sa compagne, d'une taille gigantesque, pouvait passer pour un Hermès sur lequel on aurait colloqué une tête passable et mobile. L'un et l'autre n'entendaient pas le français, ou feignaient de ne pas l'entendre. Nous avions en main, ou plutôt dans la langue romance ou languedocienne, une ressource qui nous mettait à l'abri de tout piége. Dans cet état de suspicion mutuelle, l'harmonie ne pouvait régner parmi les habitans du même salon nautique; mais c'était surtout à table, que la mésintelligence éclatait. Nous nous placions toujours à une distance respectueuse; leur avidité, dont nous étions les victimes, nous faisait rire aux larmes; je fus dix fois obligé de quitter ma chaise; j'étouffais en voyant mon singe en faire la caricature; les morceaux alors se succédaient dans sa bouche avec une effrayante rapidité; ses joues s'enflaient comme celles de Jupiter en colère; son menton devenait plus luisant que celui de Vulcain au repas de la réconciliation; ses yeux, à demi-fermés, semblaient se ressentir des agréables titillations du palais; il finissait enfin par se lécher les doigts avec une sensualité digne d'un vieux gastronome.

Nos insulaires ne faisaient aucune attention à ses espiégleries; mais ils avaient le soin de s'approprier ce que l'on présentait de meilleur. Fatigués enfin de cet égoïsme, qui déclarait à notre jeune estomac une guerre implacable, nous résolûmes de repousser la force par la force. Un soir, l'on avait servi deux succulens perdreaux, artistement enveloppés dans une large feuille de vigne ; à peine le friand mets paraît-il sur la table, que le noble chevalier à l'ardente crinière s'adjuge un de ces délicats oiseaux, et jette avec rapidité l'autre dans l'assiette de l'échalas breton. A nos murmures significatifs auraient peut-être succédé des démonstrations un peu plus acerbes, quand l'audacieux ami des jeunes premières aperçoit sur les mains d'une rustique Hébé un excellent plat de crême; s'en emparer, en faire deux portions égales, m'en servir une et placer majestueusement l'autre avec le plat devant lui, ce ne fut pas l'affaire d'une seconde. Ces maudits goddam! ajouta-t-il en fronçant le sourcil; guerre ouverte; il faut que je fasse leur éducation. Monsir, monsir, s'écria la svelte nymphe de la Tamise, *litle, litle*. Point de réponse; et, graves comme des magistrats sur leurs siéges, nous achevâmes inexorablement nos copieuses portions. Cette petite leçon ne fut pas inutile, et notre voyage se termina sans avoir à nous plaindre de l'indécente voracité de nos commensaux.

Remis sous l'antique toît de mes pères, j'étais en proie aux plus vives inquiétudes, et je n'osais en confier la cause à mon écervelé, qui sans doute eût regardé mes pénibles sensations comme une suite, comme un reliquat de ma maladie. Les secrets motifs de mes tourmens n'étaient que trop réels; les jours étaient sereins; mais les symptômes de mon affreuse indisposition se renouvelaient de temps en temps dans le silence de la nuit, et mon appréhension leur donnait un degré de plus d'intensité. Le temps s'écoulait avec rapidité; cependant, tout autre délai pouvait me devenir plus funeste encore que l'aveu, et, triomphant de mon incertitude, j'instruisis Cécile de mon arrivée et de ma situation, sans lui rien déguiser; mais, pour égayer mon sujet, je ne manquai pas de décrire avec assez de malignité la belle réception que l'on m'avait faite à Toulouse.

J'attendais avec la plus vive impatience une réponse à laquelle devait se rattacher toute ma destinée, quand je vois entrer dans mon cabinet l'homme sec et vigoureux, l'intrépide chasseur dont il est question dans les précédens chapitres. En reconnaissant l'oncle de ma Cécile, je tremblai de tous mes membres; je pensais qu'il n'était venu que pour prononcer ma fatale sentence; il s'en aperçut. « Ne vous » troublez pas, me dit-il en riant; je viens » vous chercher, et j'ai l'ordre exprès de » vous emmener mort ou vif. Vous vous » délasserez avec nous de toutes vos fati- » gues, et deux mois de campagne vous ré- » tabliront. Savez-vous, M. l'abbé, que » votre écriture est bien belle, et que vous » couchez là..... sur le papier, de belles » choses... Nos dames sont... » Dans l'excès de ma joie, je ne faisais aucune attention à ce que me disait ce brave homme; j'allais, je venais, je voulais faire mes dispositions pour le départ, et je brouillais tout, je dérangeais tout. Enfin, je ne pris que le strict nécessaire, et la musique nouvelle que j'avais apportée de Paris; je chargeai mon frère de m'expédier ce dont j'aurais besoin à ma première demande. Je ne mis pas dix minutes à tout préparer, et nous voilà dans la cariole. La modeste voiture roulait, et je doutais encore de ma félicité; je ne pouvais y croire; ne serait-ce pas un de ces rêves!!!... Mais non, je veille, je pense, je réfléchis; mon bonheur n'est donc pas un songe. Mon compagnon de voyage, me voyant pensif et rêveur : « Êtes-vous fâché, M. l'abbé. — Mais je » ne le suis plus, ne me donnez point, je » vous en prie, cette qualité. — Tant pis, » tant pis; j'ai passé jadis de momens fort » agréables avec ces pauvres chanoines, » que l'on persécute avec tant d'acharne- » ment. Cela répandait beaucoup d'ar- » gent dans le pays... Entre les mains de » qui maintenant vont tomber toutes ces » richesses? » Je ne fatiguerai point le lecteur en continuant ce monologue décousu, mais dont les pensées n'étaient pas dépourvues de sens commun. Je laissai tout à son aise mon Automedon à cheveux blancs débiatérer contre les Jacobins, les citoyens du district et les comités révolutionnaires ; il n'y avait pour moi qu'un seul point dans l'univers, et ce point unique était celui vers lequel je m'avançais ; un torrent de délices inondait mon âme. Je craignais de dire un mot, de prononcer une parole ; la moindre expression pouvait dérober un instant à mes jouissances, et je les savourais avec trop de plaisir pour en laisser échapper la moindre partie.

J'arrive et je me jette avec précipitation dans les bras de la mère, qui me reçut comme l'on reçoit un fils chéri que l'on n'a pas vu depuis long-temps ; Cécile était à côté d'elle ; je pris sa main, je la serrai, je la portai contre mon cœur, et ne prononçai pas un seul mot. « Je vous ai fait » appeler, dit-elle avec autant de gravité » que peut en mettre dans ses discours une » demoiselle de vingt-deux ans (dans les » provinces, on n'est pas précoce comme » à Paris), parce que je désirais vous voir, » et qu'il n'était pas décent que j'allasse

» vous trouver. Soyez le bien venu, mais » vous ne logerez pas ici. Ce n'est pas que » vous soyez à craindre, ajouta-t-elle en » souriant; mais la méchante marquise!! le » beau présent que vous nous avez là fait. » N'allez pas cependant vous mettre mar- » tel en tête, vous aurez un bel apparte- » ment, fort commode surtout pour un » philosophe, chez un de nos voisins; c'est » un sexagénaire aimable, instruit, et il » pense absolument comme vous. C'est là » le centre de notre petite société; nous » nous y verrons souvent; vous viendrez » ici quand il vous plaira. Qu'ai-je à re- » douter? la calomnie? et que m'importe, » elle ne peut m'atteindre. La médisance? » n'ai-je pas été la première, vous le savez, » à médire de moi? n'ai-je pas ma ver- » tueuse mère pour confidente de toutes » mes pensées? La démarche que je viens » de faire prouve toute ma confiance et » l'estime que j'ai pour vous. Qu'elle con- » çoive d'autres idées, la veuve de Meaux » ou du parc.... — N'achevez pas, ma Cé-

» cile, lui dis-je en portant involontaire- » ment ma main sur sa bouche. — Je vous » entends, reprit-elle. » Après quelques momens de silence, elle ajouta : « Vous » jouirez de votre liberté, de toute votre » indépendance. » — « Ah ! depuis long-temps je ne suis plus libre, et j'aime trop les fers que je porte pour jamais songer à les rompre. »

Tout fut disposé comme l'avait ordonné Cécile. Je ne pense jamais aux deux mois qu'il me fut permis de passer auprès d'elle, sans éprouver encore aujourd'hui la plus vive émotion ; j'étais content de moi, d'elle, de sa mère, de tout ce qui m'environnait. Quand je remonte vers la longue chaîne de ma vie, je ne trouve que ces deux anneaux qui ne me présentent aucun souvenir douloureux, et je m'arrête à les contempler avec un plaisir si vif, une volupté si pure, que je ne puis me résoudre à redescendre, pas même à parcourir ceux dont ils ne sont que la suite et le corollaire. Étrangers à toutes les factions qui, dans les villes, occasionaient des rixes, des inimitiés, souvent des haines implacables, des séditions et des meurtres, nous ne songions qu'à nous témoigner une bienveillance mutuelle, qui jamais ne se démentit. Notre existence ne se composait pas d'une longue suite de jours et de nuits, dont le mortel ennemi de l'homme, l'ennui, voudrait hâter les rapides révolutions; n'éprouvant aucune de ces passions véhémentes que sait avec force comprimer l'attachement le plus vif et le plus sincère, les nuits et les jours s'écoulaient à notre insu, sans exciter le moindre désir; tous les instans étaient pour nous les mêmes. A table, Cécile était mon médecin, il fallait lui obéir sous peine de ne pas la voir de vingt-quatre heures, et ce châtiment était rigoureusement imposé toutes les fois que je cherchais quelque subterfuge, afin de me soustraire à la sévérité de ses ordonnances. Placé toujours entre elle et sa maman, je ne concevais pas une situation plus heureuse, un bonheur plus parfait, une félicité plus pure; tout le monde était pour moi circonscrit dans cette salle à manger, autour de cette table. Je servais la maman avec cette affection franche et naturelle dont l'intérêt personnel ne sait, ne peut point même imiter les mouvemens et la simplicité. Quelques âmes vulgaires et basses pourraient me supposer l'intention perfide de capter sa bienveillance; ce n'était pas ainsi que je calculais; pour arriver à ce but, que je désirais sans doute, je croyais que mes mœurs et ma probité devaient être suffisantes; c'était la mère de Cécile, et je l'aimais autant que, jadis, j'avais respecté la mienne; le moindre signe de mécontentement, la plus petite indisposition me faisait un mal affreux; on eut dit que c'était réellement de la mère dont j'étais l'esclave bénévole, et non de la fille; car, pendant les repas, je ne m'occupais guère de ce petit individu, qui, par malice, ne s'occupait que trop de moi, pendant que je prodiguais mes soins à la maîtresse de logis. Ne cherchait-elle pas à m'impatienter, à me tracasser, à me jouer quelque pièce capable d'exciter en moi le courroux ou le dépit? elle faisait disparaître mon pain, et, obligé d'en demander à tout instant à la domestique, elle m'accusait de voracité; tantôt elle mettait du sucre dans mon vin, boisson que je détestais alors et que j'aime beaucoup aujourd'hui; tantôt avec dextérité, elle enlevait mon assiette à laquelle je n'avais presque pas touché, sous prétexte qu'un malade ne devait point manger avec trop de sensualité, et s'érigeant en docteur, elle affirmait que toutes mes affections nerveuses, c'est le nom qu'elle donnait à ma maladie, ne provenaient que de mon estomac débile, il ne fallait donc pas le surcharger.

Mais quand la marquise venait s'asseoir à notre table, et qu'elle daignait quitter sa retraite pour descendre jusqu'à nous, on reprenait l'air grave et sérieux; elle connaissait malheureusement notre secret et plaisantait avec assez d'esprit sur notre amour, digne de l'ancienne chevalerie. Un regard de Cécile la troublait et lui imposait silence; pour moi, j'étais plus hardi, et je la renvoyais à Luciennes. Ce petit voyage lui donnait de l'humeur; je n'étais pas fâché de la voir ronger son frein. Il existe autour de la vertu une atmosphère d'air si pur, si subtil, si délicat, si frais, que le vice, quand il y pénètre, ne respire qu'avec la plus grande difficulté; on le voit s'agiter, se tourmenter; il sent qu'il n'est pas à sa place; inutilement il appelle à son secours le sarcasme et la raillerie, cet air le tue; il est forcé de déposer les armes ou de prendre la fuite. Par ses discours amphibologiques et de fréquens exemples, la marquise cherchait à jeter le trouble et la méfiance dans l'esprit de la mère et de l'oncle; mon hôte, auquel je communiquais toute mes pensées, renversait, par sa franchise, toutes les inquiétudes produites par de perfides insinuations. « Si le ciel » m'eut conservé ma fille, disait-il un jour » à maman, car ce nom si doux, si ten- » dre, si amical, je le donnais à la mère de

» ma bien aimée, je n'eusse pas balancé à » l'accorder à ce jeune homme. — Mais il » n'a point d'état, répliquait-on. — Je le » ferais laboureur ; il n'en est pas de plus » utile ni de plus noble, et ma fille serait » heureuse. » Il racontait ensuite combien de désordres, de crimes, de brigandages il avait vus dans ces mariages de convenance, où chacun apportait son plat ; où, pour me servir des expressions du pays, l'époux donnait à dîner et la femme offrait le repas du soir. Longue était la kyrielle, quand il tombait sur cette matière ; lui-même avait fait un mariage de convenance, et s'était bien donné de garde d'en contracter un second. C'était attaquer la maman par un endroit assez sensible. Joyeux et content de lui-même, il venait ensuite me dire qu'il avait bien chapitré la voisine. Je le suppliai en grâce de ne point trop insister : « Si mon peu de fortune est » un obstacle insurmontable, disais-je, » personne, non personne, j'en suis cer» tain, n'occupera ma place dans le cœur

» de Cécile. Vous la voyez, elle paraît in» différente au premier coup-d'oeil; point » de démonstrations vives; mais tout est » sentiment. Lisez dans ses yeux quand elle » m'aperçoit. M'entraînez-vous à la chasse? » elle tremble de tous ses membres lorsque » je prends mon fusil et ma gibecière, tout » en plaisantant sur ma maladresse. Suis-je » une heure en retard le matin? elle est » sur les épines; les messages se multiplient, » tant elle redoute quelque nouvel accès » de ma maladie. Suis-je calme et bien » portant, ses yeux rayonnent de plaisir » et de joie; tout cela, mon cher hôte, je » l'entrevois sans qu'elle prononce une » seule parole. »

Mais ce n'étaient pas encore les momens les plus délicieux. Quand elle prenait sa guitare et ses romances pour aller sous le berceau, j'attendais avec la plus vive impatience le signe de tête, et je volais dans le temple, où nous nous avisions de juger impitoyablement nos modernes Orphées. Un jour, fatigués de ces airs français que j'avais apportés de Paris, nous eûmes recours à la *cansone italiana*. J'étais assis à ses pieds, selon la coutume; elle, sur son banc de gazon assez bas, attachait ordinairement sur mon dos, avec une épingle, le papier de musique, en un mot, je lui servais de pupitre, et souvent elle me faisait sentir, dans son opération, que l'attache avait une pointe. Nous voilà donc *dilettanti;* le morceau était suave et mélodieux; elle chantait avec une expression divine cet adagio : *Quanto mai del mio destino, meco à barbaro il rigore, fate al meno, ingrati dei, chè m'uccid' il mio dolore.* J'élevais ma tête pour ne pas perdre, en l'accompagnant, un de ses sons harmonieux, qui transportaient toute mon âme à mes oreilles, quand, à ces mots : *il mio benè, la mia vita,* sa voix l'abandonne, je sens sa bouche sur ma tête; un baiser appliqué sur mon front produit en moi l'agitation la plus vive. La plume ne peut peindre le trouble et les mouvemens de mon cœur; je me relève, je la regarde;

elle avait déposé sa guitare; ses yeux étaient baissés, ses joues colorées du plus vif incarnat, son sein palpitait : ô ma Cécile, ô ma Cécile, m'écriais-je en me précipitant à ses genoux. « Je ne suis pas bien, mon ami, dit-elle, d'un ton doux et languissant, viens, allons rejoindre maman. » J'obéis, je me lève, prends son bras, et nous nous dirigeons vers la terrasse où s'était réunie presque toute la maison pour jouir de la fraîcheur, et pour entendre la *cansonneta*. Cécile se trouve indisposée, dis-je à sa mère avec une émotion que je ne pouvais concentrer, et que l'on interpréta de la manière la plus favorable. On se presse, on l'entoure, on imagine mille remèdes pour la soulager. Non, non, me voilà guérie, répliqua-t-elle en souriant; et sur-le-champ elle se met à me plaisanter sur ma manière de prononcer l'italien. Quelle bonne grâce! quelle douce mélodie! quand, avec sa voix de basse-contre, il vous accentue ces mots : *la mia vita, il mio benè;* et, s'il vous plaît, elle joignait l'imitation à la raillerie. « Méchante ! lui dis-je tout bas. — Puisqu'il en est ainsi, vous ne viendrez plus avec moi dans le jardin, je ne veux plus de votre pupitre ; bataille » ; et soudain elle court arracher des pêches pour me déclarer la guerre. Elle se fit de bon aloi ; je choisissais cependant les plus mûres pour ne pas la blesser ; mais mon intention était d'imprimer fréquemment les preuves de mon adresse sur sa robe, d'une blancheur éblouissante. Tous les spectateurs riaient aux éclats ; mais dès qu'on la voit battre en retraite, tout le monde vole à son secours, et le combat devient général ; c'est-à-dire pourtant que je restai seul contre tous.

Obligé de me retrancher derrière un arbre, où je ne ressemblai pas mal à l'autruche, je me défendis d'abord avec un courage héroïque. Bientôt, manquant de projectiles, je n'eus d'autre ressource que de me jeter tête baissée au milieu des assaillans, qui firent pleuvoir sur moi une grêle de traits. Je me promis de punir sévèrement celle qui tomberait la première entre mes mains. Par cette manœuvre habile, quoique désespérée, je parvins à me saisir d'une prisonnière; c'était Cécile. Maître du général, je dédaignai de poursuivre le *vulgum pecus;* mais je n'eus pas la précaution de désarmer l'indocile captive; elle tenait encore entre ses mains deux pêches, dont elle me barbouilla le visage pour me châtier de mon insolence. J'avais sur elle droit de vie et de mort, et je la punis avec rigueur en appliquant mes lèvres sur ses joues, images vivantes de la fraîcheur et de la santé, non sans frotter malicieusement ma figure sur la sienne afin de lui rendre en grande partie ce qu'elle m'avait si bénévolement prodigué! Grâce, grâce, tu veux me faire mourir; quelle terrible journée! Cette secrète exclamation me désarme; je lâche prise et le combat cessa. La maman s'époumonait à crier: quelle folie! quelle folie! mes pauvres pêches! Elle gronda beaucoup Cécile d'avoir donné le signal, et nous défendit de ne jamais plus nous amuser aux dépens des fruits de son jardin. La pauvre maman avait beau vouloir prendre un ton magistral et sévère; en voyant ma figure et ma tête sophistiquées, et pour ainsi dire enduites d'une épaisse couche de marmelade, elle partit d'un éclat de rire, et le reproche expira dans sa bouche. (Quelle dommage que je n'eusse pas encore vu des Osages, je n'aurais pas manqué la comparaison.)

Cette scène nous mit tous de belle humeur; on soupa presque debout, et pour réparer nos forces épuisées par la bataille, on présenta au dessert une bonne bouteille d'un vieux Frontignan; Cécile était chargée de cette distribution. *Voici ma rançon*, dit-elle, *habile et savant tacticien;* en même temps elle versa dans mon verre un demi-doigt de cette liqueur dorée, dont le fumet avait déjà fort agréablement chatouillé mon odorat... mon désappointement fut extrême. Ce n'est pas tout encore; sa tâche remplie, l'Hébé revient prendre sa place. *Je crains pour toi la fatigue; du repos; je vais passer la nuit dans des transes mortelles; retire-toi, je t'en prie*... et sous prétexte d'aller quitter des vêtemens dangereux pour un convalescent, à cause de l'humidité, j'obéis sur-le-champ aux ordres que venait de m'intimer la parcimonieuse distributrice du nectar languedocien.

C'était ainsi que s'écoulaient, hélas trop rapidement, les jours les plus heureux de ma vie; aucune espèce de chagrin n'en venait attrister la sérénité; ma santé se raffermissait; plus de rêves, plus de lubies. Grâce à mon jeune Hippocrate, j'avais récupéré toutes mes facultés intellectuelles, et mon corps avait repris toutes ses forces et toute sa vigueur; tant il est vrai que les passions les plus vives, quand elles sont dirigées par l'honneur et la probité, loin d'affaiblir l'énergie de l'âme, d'épuiser la constitution physique, donnent à l'une plus d'activité, et l'autre en éprouve la bénigne influence. Mais pouvais-je rester plus long-temps oisif, quand tout s'agitait autour de moi? fallait-il encore une fois, ou donner ma démission et me déshonorer quand l'ennemi menaçait nos propres foyers, ou bien voler à la défense des Pyrénées? Mon choix ne fut pas un instant douteux; j'eus la satisfaction de le voir même généralement approuvé. D'ailleurs, d'après mes idées, la lâcheté doit être si odieuse à la femme bien née, qu'il n'en est pas une seule qui ne préférât savoir son amant mort que couvert d'opprobre et d'ignominie. La séparation fut cruelle; mais un noble motif dans le cœur de l'un et de l'autre en atténuait les angoisses, et je me rendis au quartier-général. Après avoir présenté mes titres, le général Dopet me plaça dans son état-major; je fus ensuite adjoint aux quatre adjudans-généraux chargés du recrutement et de l'approvisionnement de l'armée. Ce fut dans ce conseil que je vis pour la première fois l'adjudant-général Grézieu, officier aussi modeste que savant, aussi aimable que laborieux. Quoique mon supérieur, il devint mon ami; nous ne nous quittions ni la nuit ni le jour; plus âgé d'un lustre, il avait beaucoup plus d'expérience que moi; il comprimait, par l'ascendant qu'il avait sur mon âme, tous ces mouvemens d'indignation que je lui manifestais, avec trop de vivacité peut-être, quand je lisais la longue liste des victimes que sacrifiaient à leur vengeance le comité de salut public et le sanguinaire tribunal établi pour être le soutien et l'exécuteur de son épouvantable tyrannie. Si je l'avais eu toujours à mes côtés, je n'eusse point commis la faute énorme d'écrire à Paris et de découvrir à celui que je regardais comme un second moi-même toute l'horreur que m'inspirait l'atroce gouvernement des Jacobins et la barbarie de la commune. Cette fameuse lettre, portée au comité par mon ami lui-même, fut la cause de toutes mes infortunes. Pourquoi me sauva-t-on la vie, cette vie qui ne fut depuis ce moment qu'un continuel enchaînement de peines et de chagrins? et je dois mettre en première ligne la douleur que je ressentis en apprenant la mort d'un officier-général aussi distingé. Il avait suivi Bonaparte en Égypte; hélas! au pied de ces énormes tombeaux qui, depuis trente siècles, bravent le temps et sa faulx dévastatrice, l'infortuné Grézieu trouva le sien dans le sable, et la vanité triomphe quand la modestie et les talens gissent ensevelis dans un océan de poussière. Ah! qu'il me soit permis de répandre une larme sur cette tombe aussi mobile que les vagues d'une mer agitée; les mânes peuvent-ils être insensibles à la voix douce et tendre de la véritable amitié?

Notre première campagne dans les Pyrénées-Orientales ne fut point heureuse. Toulon, remis aux Anglais, et non à Louis XVIII, comme ils le prouvèrent par l'incendie de la flotte et la destruction de nos arsenaux, Toulon était assiégé par nos troupes; les Lyonnais, persécutés par la Convention et séduits par Percy, opposaient à nos nombreux bataillons la plus vigoureuse résistance; les départemens de l'ouest étaient presque tous en insurrection; l'Alsace était envahie; Dampierre avait eu la plus grande peine à réunir au camp de Famars les tristes débris de l'armée du nord; tant de calamités nous exposaient, sans défense, aux coups hardis et multipliés du général Ricardos. Il ne lui fut pas difficile, avec une armée quatre fois supérieure en nombre à la nôtre, de nous faire rétrograder jusques sur les frontières du Languedoc. Tout le Roussillon fut donc occupé par les Espagnols; nos places fortes étaient cernées et bombardées avec cette rage qu'inspire une guerre entreprise pour la défense de la religion; Collioure et ses forts avaient capitulés. Les vainqueurs étaient si intimement convaincus de notre impossibilité à résister aux efforts de l'Europe conjurée, qu'ils nous mirent hors du droit des gens, en violant avec la mauvaise foi la plus insigne tous les articles de la convention de Collioure. Telle était la mauvaise idée qu'avaient donné de nous les émigrés et les prêtres réfugiés en Espagne aux gardes wallones, que ces fiers grenadiers de l'armée ennemie s'avançaient vers nous l'arme au bras, un bâton blanc à la main, en nous donnant les noms de *gavaches* et de *matta re : athées, égorgeurs de rois.* L'animosité de part et d'autre était au comble; ce n'est pas impunément que l'on outrage des Français armés et non coupables des crimes de leur gouvernement. Ce n'était pas les Jacobins que nous défendions, mais la patrie. Nous ne voulions pas que des étrangers vinssent s'immiscer dans nos affaires domestiques; après la tempête, c'était à nous, mais à nous seuls, de punir les monstres qui couvraient la France de consternation, de deuil et de sang. La rage et le désespoir nous firent attendre l'avant-garde de Ricardos, non loin de *Peyrestortes*, petit village situé au pied d'une hauteur sur laquelle s'étaient retranchés quelques bataillons castillans, nommés vulgairement *blanquillos*. Dopet forme la résolution de reprendre l'offensive; le camp est attaqué avec toute la *furia francèse*; la résistance est inutile, tout est pris ou tué, l'artillerie est en notre pouvoir, et deux bataillons de gardes wallonnes qui accouraient au secours sont écharpés. Ce fait d'armes assez brillant donna du courage à nos jeunes volontaires; le prudent Ricardos, étonné, se retira sur le Tet, au pied des Albères, où il mit ses troupes en quartier d'hiver. Nous eûmes l'audace, avec une poignée d'hommes, de le poursuivre et de venir établir notre quartier-général à portée de canon du Boulou, bourg où se trouvait le sien, dans un petit village nommé *Baniuls-les-Asprès*. Parmi les prisonniers faits à *Peyrestorles*, se trouvait un capucin, sans doute aumônier d'un régiment; je n'ai jamais vu frayeur pareille à celle de ce pauvre moine, quand il nous fut amené; il croyait à chaque instant recevoir le coup de la mort ; nous ne faisions pas un mouvement qu'il ne frémît ; tous ses membres se contractaient ; chaque poil de sa longue barbe grise semblait participer à la commotion générale que son corps éprouvait. Il finit par nous donner une preuve trop authentique de son mortel effroi. Dans cette circonstance critique, les capucins sont des hommes fort dangereux, car ils ne portent pour tout, absolument pour tout vêtement, qu'une longue robe de bure, surmontée d'un capuchon pyramidal, et coupée à la ceinture par une corde grossière, à laquelle ils suspendent un rosaire immense, d'un bois assez commun. J'eus pitié de ce malheureux, et parvins, non sans beaucoup de peine, à le tranquilliser. J'eus alors le plaisir de le voir dans tout son beau. La nature peut-elle s'amuser à produire de semblables créatures ! il était hideux ; je ne puis mieux le comparer qu'au capucin de Lavater ; c'était un composé d'hypocrisie et de duplicité qu'un peintre aurait pu choisir pour modèle dans un tableau de genre. Je le réunis à ses compagnons d'infortune, que l'on dirigea sur Toulouse, et dans toutes les villes qu'ils furent obligés de traverser, on allait voir le capucin de *Peyrestortes* comme un objet de curiosité.

Ce fut ma première et dernière campagne en qualité d'officier. Le débordement du Tet, torrent qui descend des Pyrénées avec la plus grande rapidité, mit une barrière insurmontable entre les deux armées belligérantes; l'hiver, froid et pluvieux, ne nous permettait pas d'espérer que cet obstacle disparût avant le retour de la belle saison; nous allâmes donc à Perpignan prendre quelque repos, et nous délasser des fatigues qu'avait impérieusement nécessitées le petit nombre de combattans. La prise de Toulon permit bientôt à Dugommier de venir à notre secours avec son armée victorieuse; la campagne s'ouvrit sous les plus heureux auspices. La Union, qui avait remplacé Ricardos, fut complètement battu à Villelongue;

tous ses équipages, toute son artillerie, et dix mille prisonniers furent le fruit de cette belle victoire. Vivement poursuivi, il traversa les Pyrénées dans le plus grand désordre, côtoya les hauteurs qui bornent à l'ouest la plaine du Lampourdan, et vint se retrancher sur la Montagne-Noire, afin de couvrir l'importante forteresse de Saint-Ferdinand à Figueras. Collioure et ses forts furent repris; l'on pouvait faire subir à la garnison de justes représailles, l'on ne voulut point s'avilir; nous n'avions pas des *Novarro* dans nos rangs. Bellegarde succomba; mais on négligea Roses pour le moment; l'on n'avait donné que trop de temps à La Union; il en avait profité pour élever sur la Montagne-Noire retranchemens sur retranchemens. Le plan d'attaque, bien conçu par Dugommier, fut exécuté avec une vigueur, une prudence, un secret qui m'étonnèrent, car j'étais dans le camp sous un nom supposé. Je ne sais comment on parvint au retranchement le plus élevé, qui fut pris en un clin d'œil; il ne fut pas alors difficile de balayer les retranchemens inférieurs. La Union, témoin du désordre et de la confusion qui régnaient dans son armée, se fit tuer; un boulet de canon nous priva, nous aussi, du général en chef; peu d'officiers s'aperçurent de la catastrophe, et Pérignon prit en chef le commandement de l'armée; pas un moment d'hésitation ne se fit sentir, et la journée fut décisive. L'armée, ou plutôt les débris de l'armée espagnole se retirèrent sous les remparts de Gironne, laissant cinq mille hommes de garnison dans le fort de Figuières, qui se rendirent à la première sommation.

Qu'étiez-vous devenu pendant cette brillante expédition qui fit un si grand honneur aux armées françaises? où donc était votre poste? L'amour, encore l'amour vous avait-il forcé de déserter les drapeaux de la gloire? Étiez-vous à chanter quelque jolie romance italienne quand on se battait pour la défense de nos lois et de nos libertés? Mais non, vous étiez caché dans les rangs subalternes de nos guerriers, au milieu des plaines de la Catalogne, et pour quelle raison? un officier français se cache-t-il le jour d'une bataille? Censeur rigide, écoute et plains-moi. La mort ne m'effrayait pas; mais c'était la mort des braves que je désirais, et la seule pensée de porter ma tête sur l'échafaud me faisait frissonner d'horreur; cependant c'était la mort qui m'était destinée; vainement le canon avait respecté mes jours. Mourir comme un vil scélérat! moi, probe, vertueux même, innocent et Français, quelle horrible image! Dire à ma Cécile un éternel adieu! ne plus la voir! ne plus l'entendre! ne plus respirer l'air qu'elle respire! être pour toujours séparé d'elle, ignominieusement précipité dans les abîmes de la destruction ou du néant! Oh! mon ami, disais-je à l'adjudant-général Grézieu, quelques jours avant l'ouverture de cette brillante campagne, plus de gloire, plus d'amour, plus de France, plus de patrie. Tiens, lis ce billet qu'en

tremblant a tracé la main qui devait cicatriser toutes mes blessures : « Je ne sais
» où j'en suis; malheureux ! sauve-toi,
» sauve toi, trop infortuné.... Que vais-je
» devenir? Sauve-toi. L'on vous cherche
» partout ; l'on sait que vous êtes à l'armée,
» au quartier-général; l'ordre est donné
» de vous arrêter... Qu'as-tu donc écrit?...
» Fuis, je ne serais tranquille qu'en ap-
» prenant de vous..... Ah ! je ne vous
» connais que trop.... votre innocence....
» votre honneur..... Non, rien ne sera
» perdu; sauve-toi.... Songe qu'en t'arra-
» chant à la cruauté de ces monstres, ce
» n'est pas ta vie seule que tu parviendras
» à sauver. — C'est votre lettre à Paris,
» me dit Grézieu, après avoir quelques in-
» stans réfléchi ; n'allez pas vous constituer
» prisonnier, comme vous en manifestez
» l'intention ; ces gens-là sont les plus forts,
» ils peuvent nous priver de la vie, mais
» non pas nous enlever l'honneur. Il est
» donc permis, quand l'honneur n'est
» point blessé, de chercher à sauver sa vie,

» et la petite a raison. Déguisez-vous, allez
» trouver votre amie ; je vais me procurer
» une feuille de route sous un nom sup-
» posé, et lorsque vous aurez obtenu tous
» les renseignemens que vous pourrez vous
» procurer, revenez auprès de moi, don-
» nez-moi votre démission par écrit, j'ar-
» rangerai votre affaire à l'état-major. »

Si dans quelques circonstances l'on trouve en moi de la faiblesse, un peu trop d'inertie, de la timidité même ; dans les dangers présens mon âme reprenait toute son énergie, et je ne balançai pas à suivre ponctuellement les conseils de mon excellent ami.

Me voilà donc sur la route, conducteur d'un mauvais chariot sur lequel on avait placé deux grenadiers convalescens, renvoyés ostensiblement sur les derrières de l'armée pour se rétablir ; mais en effet pour me protéger en cas d'accident. Si j'eusse été dans une situation moins critique, j'aurais bien ri de mon costume, c'est-à-dire de mon accoutrement : une large blouse de toile grise, assez sale par parenthèse, couvrait mon corps jusqu'aux genoux, abrités par une vaste culotte d'une futaine plus épaisse que le caban de nos matelots; à cette culotte venaient se rattacher des bas de laine enveloppés dans une guêtre de cuir jaunâtre, dont le soupier contenait une chaussure analogue et pesante, Dieu merci; ma tête, entourée d'un bonnet catalan bariolé de blanc et de bleu, se trouvait encore surchargée d'un chapeau triangulaire en fort mauvais état, et dont la base, détachée du centre, formait une saillie en guise de parasol. Ce costume ne me gênait point; mais j'étais totalement étranger à l'idiome technique des Phaëtons subalternes; je ne pouvais point prononcer les b. et les f. avec ce ton grave, cet accent énergique et prolongé qui les rend formidables, et je ne savais pas faire claquer mon fouet, ce dont s'amusaient beaucoup mes compagnons de voyage. Des hommes moins stupides que les ignobles mouchards du représentant

Chaudron, ne se seraient pas trompés à ma maladresse quand nous entrions dans les villes malheureusement tombées sous la juridiction de ce proconsul. Après avoir déposé dans la cité voisine mes deux mentors à rouge épaulette; après les avoir chargés de veiller à notre équipage, je m'échappe furtivement, favorisé par la nuit, et je parus avec l'aurore dans la maison du vieillard jadis mon hôte et mon protecteur. Il ne fut surpris, ni de mon arrivée, ni de mon déguisement. « On est » fort inquiet, telle fut sa première parole. » Cécile m'assurait encore hier au soir, » que, malgré sa vive et pressante lettre, » vous ne partiriez point sans l'avoir ver- » balement consultée; elle a d'ailleurs une » belle pièce à vous présenter. Comment » vous, homme sage et prudent, avez-vous » pu?... Mais il ne s'agit pas de morali- » ser... Hâtons-nous... Votre présence ici » peut nous compromettre tous: nul doute » que l'on ne vienne nous visiter encore » quand on apprendra votre disparition de

» l'armée et de l'état-major. Vous ne pou» vez sortir d'ici qu'à la nuit : le seul François vous servira dans votre ancienne » chambre ; allez vous reposer un mo» ment. »

J'allai donc dans cet appartement naguère séjour délicieux, asile de toutes mes espérances. Comment y jouir de quelque tranquillité? La comparaison seule était capable de briser le courage le plus éprouvé, l'âme la plus forte, un cœur de fer. Poursuivi, proscrit, sur le point de perdre plus que la vie, je ne pus supporter l'immense poids de mon malheur, et je tombai dans cet état d'anéantissement où l'on ne pense plus, où l'on ne sent plus rien, où la douleur a tellement engourdi nos organes qu'ils n'en ressentent plus les atteintes. Je ne sais combien d'heures je restai dans cette affreuse situation; le temps ne marchait plus pour moi; j'étais comme l'arbre qui végète ou la plante qui se meut et palpite. Ce qui me surprend encore quand je me transporte en idée à ce fatal moment, c'est que le sang n'ait pas cessé de circuler dans mes veines, et que ma vieille démence ne soit pas venue reprendre ses droits dans un sujet si bien disposé à la recevoir. Une agitation subite, sans en avoir pu distinguer la cause, m'arracha à cette léthargique torpeur; je me lève, je prête l'oreille, et j'entends un bruit léger, semblable à ce doux murmure produit par les ondulations d'une robe agitée. C'est elle, et sur-le-champ je redeviens homme, prêt à braver la fortune, digne enfin d'être son ami. A peine m'eut-elle aperçu, qu'elle me reconnut, malgré mon déguisement : sa pâleur me fit oublier mes propres maux pour ne songer qu'à ceux dont elle paraissait accablée; elle se soutenait à peine; je voyais ses genoux fléchir; je n'eus pas la force de me jeter dans ses bras; elle s'assit, et versa quelques larmes, c'était les premières que je lui voyais répandre. Je la consolai : « Tout n'est pas perdu, lui » dis-je, et j'ai encore des amis puissans. » Je ne viens pas ici me soustraire à la fu-

» reur de mes assassins, mais pour vous
» consulter sur le plan formé par Grézieu,
» obtenir votre approbation, recueillir les
» renseignemens que semblent me pro-
» mettre votre dernière lettre, et me sou-
» mettre ensuite à la volonté du ciel. —
» Tenez, tenez, voilà la lettre, c'est tout
» ce que j'ai pu faire pour vous. Je ne me
» suis point compromise; je n'ai point vu
» Chaudron Rousseau, mais aidée par
» votre frère et son ami, membre du co-
» mité révolutionnaire, je suis parvenue à
» soustraire cette pièce importante du
» dossier infâme dont est porteur le féroce
» agent du comité de salut public. Ah!
» que n'ai-je pu sauver tous les infortunés
» inscrits sur cette liste fatale! Ne me de-
» mandez pas d'autres détails. Ma mère et
» mon oncle sont mes complices, ajouta-t-
» elle, avec un léger sourire; mais il faut
» nous quitter, il faut nous séparer, si
» vous ne voulez pas que j'expire avec
» vous. — Non; vous sur un échafaud!
» non, Cécile ne le verra point. » A ces

mots, elle reprit toute sa sérénité; nous étions seuls, on n'avait pas cru nécessaire d'assister à ces adieux, qui pouvaient être les derniers, et je m'en plaignis, quand François parut pour nous avertir que l'on nous attendait à table. Mon sexagénaire ne put s'empêcher de rire lorsque je me présentai, sous le costume d'un Phaëton champêtre, conduisant par la main la plus aimable et la plus jolie demoiselle du canton. J'embrassai la maman avec une émotion qui pénétra jusqu'à son cœur; en vain voulut-elle me cacher ses larmes, elles étaient sur mon visage des témoins irrécusables du plus sincère attachement.

Le repas fut triste; la trahison et la perfidie d'un ami donnait des inquiétudes sur l'autre; je fis tous mes efforts pour chasser des soupçons que suggéraient à mes véritables amis les accidens fâcheux dont j'étais la victime. « Trève un instant aux » pénibles sensations que nous éprouvons » tous; daignez m'écouter un moment, » ensuite éclairez-moi de vos conseils. Si je

» reste dans l'intérieur, tôt ou tard je » suis arrêté, conduit à Toulouse, de là » transféré à Paris, où mon affaire est » claire et décidée; j'ai trop offensé les » Jacobins et le tribunal révolutionnaire, » pour attendre d'eux la moindre grâce. » Émigrerai-je? ah! plutôt mille fois mou- » rir que d'aller me jeter dans les bras des » Espagnols. Dans cette cruelle alterna- » tive, mon ami m'ouvre une porte de » salut; je le connais, il est probe, hon- » nête, sensible, bienfaisant, ne dois-je » pas compter sur lui. » Assentiment una- nime. Il fut donc résolu dans ce petit con- seil, auquel je pourrais donner le nom de conseil de famille, car la mienne propre ne s'occupait guère de moi, il fut donc ré- solu, dis-je, que je reviendrais auprès de l'adjudant-général, et que j'exécute- rais à la lettre tout ce que sa prudence voudrait bien m'ordonner. Nous convîn- mes ensuite, avec assez de calme, que Cécile adresserait ses lettres à cet officier- général, et que par le même canal je l'instruirais de ma position. La nuit survint; je promis à Cécile de ne pas m'exposer inutilement, de lui donner aussi exactement que possible tous les détails qui pourraient la rassurer et la tranquilliser, et je partis avec assez de précipitation, frappé de l'idée qu'il ne fallait pas envelopper dans mon infortune une famille que j'exposerais sans aucun avantage pour moi. Le nombre des malheureux est assez grand, pourquoi l'augmenter encore? Mes grenadiers étaient au poste; notre retour fut moins périlleux; les nouvelles de l'armée portaient partout la joie et le contentement; la mésintelligence commençait à régner entre Mallarmé, représentant du peuple au camp, et mon rougeâtre Chaudron; nous prîmes même part à la gaîté générale, et nous évitâmes ainsi jusqu'à l'idée du moindre soupçon. Je ne rencontrai Grézieu qu'au bas de la Jonquière; on allait se battre, et l'on ne songeait guère aux affaires de l'intérieur. Je dois rendre justice à cette armée, tant que je vécus dans les camps, je n'entendis jamais de discussions politiques; l'on ne pensait qu'à se divertir, ou bien à battre l'ennemi. Quelques officiers périrent bien sous la hache révolutionnaire, mais ils allèrent eux-mêmes s'offrir en holocaustes, comptant sur leur innocence. Aveugles qu'ils étaient, ils ne connaissaient pas les Jacobins!

Je fus donc témoin de la déroute des Espagnols, à la montagne Noire, et des regrets de l'armée, quand elle apprit la perte qu'elle avait faite; pour moi, je fus aussi profondément affligé de voir la France privée des talens de cet illustre capitaine; mais il est mort sur des lauriers, et, s'il eût prolongé sa carrière, peut-être eût-il péri comme tant de généreux guerriers qui, après avoir prodigué leur sang pour la défense de la patrie, ont été traînés à la mort sur la misérable charrette des suppliciés. Ce n'est pas que la postérité ne les ait vengés de tant d'ignominie; mais, dans l'incertitude de cette réhabilitation, quels devaient être les tourmens des condamnés en allant du Palais de Justice à la place Louis XV? J'eus le bonheur, pendant cinq jours que je suivis avec mon chariot tous les mouvemens de l'armée, de n'être point reconnu; le sixième, Grézieu m'appelle par mon nom de guerre, et je le suis dans son cabinet. « Je viens d'obtenir pour » toi, me dit-il, une commission provi» soire de l'administrateur en chef des am» bulances, et l'ordre de partir sur-le» champ à la suite d'un assez fort détache» ment, chargé de lier la droite de l'armée, » campée devant Puycerda. Le chef de » brigade qui doit commander cette expé» dition va se rendre auprès de moi; c'est » un homme sûr, qui m'est entièrement » dévoué; nous pouvons le mettre dans » notre secret. »

A peine a-t-il fini, que l'officier se présente. Sa figure me frappa d'étonnement; il lui fut plus difficile de me reconnaître sous mon costume de charretier, que je n'avais pas encore quitté; par conséquent, nos yeux s'interrogèrent plus d'une fois avant d'en venir à des informations réciproques. « Tel que tu le vois, reprit Grézieu, c'est un officier de quelque mérite; il a commis une imprudence; il faut le sauver. — Mais n'est-ce pas l'officier qui m'a conduit à Toulouse? » A ces mots, je me jette dans ses bras. « Et l'enfant, lui dis-je, qu'est-il devenu? » Cette reconnaissance dissipa toutes nos craintes; c'était bien mon prétendu chef de brigands, qui, sur les hauteurs de Cahors, avait arrêté ma voiture. « Je lui dois et la vie et mon fils », dit-il à Grézieu avec cet accent de la reconnaissance que la perfidie ne peut imiter. Nous dînâmes tous les trois, et nous prîmes toutes nos dimensions pour empêcher que l'ordre du comité de salut public ne fût exécuté. Le chef de brigade répondit de moi sur sa tête, et nous partîmes à minuit pour aller nous ensevelir dans les neiges de la Haute-Catalogne. Notre route fut pénible, difficile; quels horribles chemins! et puis nos guides ne cherchaient pas toujours à nous rendre service; nous étions chaque jour harcelés par les miquelets. Heureusement nous avions avec nous un bataillon de chasseurs basques, lestes rivaux de ces cosaques espagnols, voyant de leur nez, comme dit Buffon, et découvrant tous les piéges de ces ambidextres montagnards. Nous arrivâmes donc à Puycerda, et cette ville fut mon tombeau jusqu'au 9 thermidor. Qui donc serait venu me chercher parmi les affreux rochers de la Cerdagne française? Je n'étais pas un personnage de haute importance, je fus oublié dès que l'on ne me vit plus; ma famille même ne sut point ce que j'étais devenu; mon frère fit bien quelques tentatives auprès de Cécile pour le savoir; mais, connaissant toute l'indifférence des miens, elle ne lui confia pas son secret, et se borna seulement à lui dire en plaisantant que les Jacobins auraient tort.

Dans la triste cité, vieux repaire des oiseaux de proie, où m'avait relégué ma mauvaise fortune, que faire, sans livres, sans musique, sans journaux? A peine tous les huit jours recevions-nous quelques dépêches insignifiantes de l'état-major; mais, sous le pli, mes yeux, plus perçans que ceux d'Argus, cherchaient autre chose que des ordres du jour, des bulletins des armées, ou des décrets du décemvirat; et cependant, lorsque mon cœur battait d'aise en contemplant l'écriture de mon ami, je craignais d'entr'ouvrir ses lettres. Un malheureux ne l'est jamais à demi; je tremblais d'apprendre quelque machination nouvelle, quelques intrigues de la marquise. Que sais-je? L'absence ne fournit-elle pas à l'imagination une ample et vaste carrière? Que de fantômes souvent elle procrée, pour avoir le plaisir de les combattre! On suppute, on calcule, on attend, on préjuge, on se forge mille tourmens que vient dissiper une lettre; n'importe, le lendemain on rentre dans le cercle dont un moment vous étiez sorti la veille, et souvent la date suffit pour ramener les nuages que la signature commençait à dissiper. Mes réponses étaient d'une longueur démesurée, c'est le vice ordinaire des ermites et des exilés; ils disent toujours trop, et pensent n'avoir jamais tout dit, parce qu'ils reviennent souvent sur la même pensée, qu'ils l'examinent sous toutes ses faces, sous tous ses points de vue; le temps ne leur manque pas; ils ne sont jamais distraits par les fâcheux. Dans le monde, au contraire, le style est froid, sec, laconique; on vise quelquefois à l'esprit, mais on croirait commettre un crime capital de pénétrer jusqu'au cœur. Le cœur! on n'en parle que dans les romans; il ne sera bientôt plus permis d'en faire mention sur la scène. Ce pauvre cœur, chez les Français, a subi bien des métamorphoses: dans les beaux temps de la chevalerie, l'ignorance l'égara; dans des siècles moins reculés, la superstition l'endurcit; bientôt après il fut perverti par une odieuse licence; j'appréhende aujourd'hui que la politique ne le dessèche, d'après les coups mortels que lui a portés le philosophisme.

Quand j'avais terminé mes lamentations et mes homélies, j'avais recours à mon colonel; c'était un recueil vivant de spirituelles facéties, de mots piquans, d'amusantes naïvetés, d'aventures galantes, et quelquefois assez croustilleuses. « Il avait » à Paris, me dit-il un jour, un domes- » tique assez mal peigné; propre à peu près » comme un Provençal, épais comme un » Flamand, gauche comme un Auver- » gnat, sournois comme un Lorrain, et » vraiment digne d'être le commensal d'un » bas Breton; cet original se nommait » *Louis;* d'ailleurs homme fort simple, et » d'un service fort commode; une de ces » veuves sur le déclin de l'âge, toujours » aux aguets, et toujours prêtes à donner » un successeur au défunt, voulut attacher » à son char un si friand morceau; bref, » séduit, il me quitte. Quelques jours » après, je le vois arriver tout en larmes: » Me voilà sans place; madame m'a ren- » voyé, tout en murmurant que mon louis » n'était pas de bon aloi. — Mon ami,

» toute pièce qui trop circule, finit par se » détériorer.—Non, non, monsieur, c'est » parce que je n'ai pas été assez hardi pour » lui prouver que la mienne était bonne. » Cette naïveté me plut, et je le repris à » mon service; il est encore avec moi, » et j'ai tout lieu de croire qu'il est un peu » plus audacieux avec les Espagnoles; mais » gare..., les miquelets ne sont pas hommes » de facile composition, et le stylet pour- » rait bien démonétiser sa pièce. »

C'était surtout à table, car nous vivions en frères, même ordinaire, mêmes plaisirs, mêmes privations, qu'il assaisonnait nos brouets à la sauce noire, par ses saillies, souvent, et très-souvent, fort ingénieuses. Parmi cent autres traits, je veux en choisir un qui doit prouver à nos jeunes auteurs dramatiques de combien d'écueils est parsemée la carrière qu'ils fournissent avec tant de vanité; un mot, et le meilleur drame est au diable. Notre colonel assistait à la première représentation d'une comédie; Damas, alors fort jeune, appuyait beaucoup sur les syllabes finales, et liait avec une exactitude, prosodique, il est vrai, mais trop minutieuse; dans une phrase où se trouvait ces mots : *J'ai trop été*, suivant sa louable coutume, il s'appesantit un peu trop sur le P. *Oh! le sale*, s'écrie *un plaisant* du parterre; tous les spectateurs partent d'un éclat de rire, le désordre est dans la salle, et la pièce, que l'on aurait peut-être écoutée jusqu'à la fin, reçoit le coup mortel.

Je ne quittais pas plus ce brave militaire que mon ombre, à moins qu'il ne fût chargé de quelque expédition contre les miquelets, et j'aimais tant à le voir aux prises avec eux, faisant assaut de ruses et de stratagêmes, que je le suivais quelquefois malgré lui. Peut-être ne sera-t-on pas fâché d'avoir quelques notions sur ces bandes organisées, jadis la terreur de nos frontières méridionales; elles sont en général composées de paysans de la Haute-Catalogne, qui en forment le cadre, ou, principal noyau, cadre que viennent remplir ensuite les Arragonais, peuple hardi, courageux, mais indomptable et cruel. Les miquelets sont l'avant-garde des brigands qui de tout temps ont infesté l'Espagne, et leurs chefs ont le fameux droit d'assurance. Cette rétribution, exigée par des voleurs de grand chemin pour la sûreté des voyageurs, fait le procès de tout gouvernement qui souffre un semblable scandale, et jamais l'Espagne n'a fait un effort pour le réprimer. Faisant la contrebande à main armée, ils se sont très-souvent battus sous l'ancien régime contre nos troupes de ligne, après avoir égorgé les malheureux agens de la ferme générale, qui jamais ne trouvaient grâce auprès d'eux. Les marchandises qu'ils introduisaient en fraude étaient principalement le tabac, les soies manufacturées de Valence et de Murcie, les piastres. Ils étaient favorisés par les habitans des deux frontières; est-il besoin d'en énoncer les motifs? Quels sont les habitans des frontières qui ne protégent pas les contrebandiers? Mais ceux des autres pays n'ont pas une physionomie caractérisée comme les miquelets. Ces êtres audacieux et barbares ne peuvent jouir d'un instant de repos; ils se déchireraient entre eux, s'ils n'avaient plus d'ennemis à combattre. Quand ils n'ont plus eu de marchandises à nous donner en fraude, ils se sont toujours prononcés en faveur des partis qui pouvaient autoriser leurs brigandages. Libéraux sous Joseph, soldats de la foi pendant le court règne des cortès, ils se sont jetés à corps perdu dans la faction des agraviados, et redeviendront miquelets quand les circonstances le leur permettront. A l'arrogance, à l'inhumanité, à l'absence de tout sentiment naturel à notre espèce, viennent se joindre l'ignorance et la superstition; les mains teintes de sang, leurs mulets chargés des dépouilles, ils se prosternent au pied d'une croix ou d'une vierge qu'ils rencontrent sur leur chemin, et vont humblement baiser le rosaire des moines. Il est vrai que ces derniers ont sur les miquelets la plus grande influence; ils retiraient de leurs rapines des bénéfices immenses, car les couvens des frontières servaient de dépôt, et les immunités des religieux étaient une sauvegarde contre les attaques de l'autorité civile et de la justice criminelle. Français, ne riez pas de ce droit d'asile, nos moines n'en jouissaient-ils pas avant la révolution? Je ne ferai plus qu'une réflexion au sujet de ces astucieux cénobites, pourquoi sont-ils généralement fort riches dans ces misérables contrées, tandis què les miquelets ne possèdent presque rien? J'ai dit que ces derniers étaient extrêmement superstitieux, c'est au lecteur maintenant à tirer les conséquences; je n'aime point à tout dire.

Ce sont ces moines, je n'en puis douter, qui entretiennent, nourrissent, fomentent la haine des Miquelets contre les Français, et la portent à un tel degré de violence, qu'il n'y a point de crime, point de scélératesse dont ils ne se souillent pour l'assouvir. Pendant l'éphémère triomphe de

Ricardos, ils pénétrèrent dans la Cerdagne française, et mirent tout à feu et à sang : un malheureux aide-de-camp, parti du quartier-général pour se rendre à Mont-Louis, tombe entre leurs mains ; ils le conduisent dans un hameau de leurs montagnes, et là, dans la boutique d'un boucher, ils l'assomment, le soufflent, le suspendent par les pieds, et le dépècent comme on dépèce un veau pour en vendre les fragmens aux consommateurs. A quels excès porte l'homme l'habitude de verser le sang de ses semblables !

Le physique ne décèle que trop ce qui se passe dans l'âme de ces flibustiers terrestres, supposé toutefois qu'ils en aient une ; les passions qui les agitent viennent se peindre successivement sur leur physionomie, mais la vengeance est celle qui prédomine ; aussi, pour la moindre offense, exterminent-ils même leurs amis, et d'ailleurs, en ont-ils ? peuvent-ils en avoir ? Ils marchent toujours armés de leurs escopettes, espèce de carabine appelée en français *tromblon*, dont la bouche, en forme d'entonnoir, produit l'effet d'un petit canon chargé à mitraille : ce fusil n'est pas dangereux en plaine quand on a l'ennemi en face ; mais, dans un défilé, dans une embuscade, il fait le plus grand mal, et porte le désordre dans les rangs. A leur ceinture, pièce de soie grossière en forme de touaille, sont des pistolets assez semblables aux nôtres ; rarement ils se servent de cette arme, moins encore de leurs sabres ou couteaux de chasse, vieux héritage des Celtibériens leurs ancêtres. Le stylet est leur arme favorite, aussi s'en servent-ils avec une dextérité redoutable ; ils l'ornent de rubans et de bandelettes, et les métaux les plus précieux en garnissent la monture : c'est là tout leur luxe ; car pour les vêtemens, ils sont d'une simplicité presque sauvage : veste brune du drap le plus grossier et le reste à l'avenant ; jambes nues et les pieds emboîtés dans une espèce de chaussure de spatterie ou de laine nommée *espardeillos*. Leur tête, enveloppée d'un large réseau de soie de Valence à gland pendant sur les épaules, est surchargée d'un morceau de feutre, auquel on ne peut décemment donner le nom de chapeau; le manteau seul dans lequel ils s'enveloppent et la nuit et le jour, l'hiver et l'été, distingue les chefs de cette singulière milice.

Quant à leurs femmes elles n'ont rien d'attrayant, quoique Espagnoles; elles sont toutes d'une taille au-dessous de la moyenne et d'une assez large circonférence; malgré cette ampleur, elles ne manquent pas d'agilité, on peut dire même qu'elles sont lestes. Leurs traits assez réguliers auraient de l'expression, si l'épiderme, brûlé par le soleil ou sillonné dès l'enfance par l'air trop vif de ces montagnes, n'en effaçait jusqu'aux moindres vestiges. Il y a bien dans leurs yeux quelque vivacité, mais c'est la vivacité que produit une passion brutale comprimée par la crainte, et non celle qui émane de la mobilité de l'esprit et des grâces de l'imagination. Leur bouche, en général grande, est mal armée; aussi cherchent-elles à cacher ce défaut, ce qui fait contracter à la lèvre inférieure et supérieure un renflement désagréable à la vue; leur front large et saillant n'est jamais couvert ni ombragé par les cheveux dont elles laissent cependant apercevoir les racines, ce qui leur donne un air d'effronterie dont les étrangers doivent surtout se méfier. Leur buste ressemble à l'encaissement d'un hermès dont la pointe pivote sur un bassin en forme de balustrade bombée. Nulle apparence de gorge, dont les moines défendent de dessiner les contours sur les vêtemens, mais ils leur permettent de laisser voir leurs jambes, seule partie de leurs corps, avec leurs pieds mignons, qui pourraient exciter quelques désirs, encore ne faut-il pas toujours les examiner de trop près. Que dirai-je de leur moral? Esclaves des moines, elles ne pensent, ne se meuvent, n'agissent que d'après les conseils ou plutôt les ordres de ces satellites de l'inquisition. Leur despotisme est tel, qu'en voyant les sandales du religieux l'époux n'ose point entrer dans la chambre ou l'appartement de sa femme ; il attend, avec une patience, une résignation admirables, que le directeur de conscience ait rempli ses devoirs et disparaisse, pour reprendre ses droits et toute l'autorité domestique. Je sais bien que l'on a voulu jeter quelques doutes sur la réalité de cette coutume : je tiens le fait de la bouche d'une Espagnole, sage, pieuse, mais assez laide, dont le moine peut-être ne voulut point tenter la vertu. Mais toutes ces dames sont-elles laides, sont-elles pieuses? Je ne suis pas assez leur ennemi pour proférer de semblables blasphêmes. On m'accusera peut-être de partialité ; non, si les dames espagnoles ont des défauts, les dames françaises en ont bien d'autres, et la preuve de mon impartialité se trouve enregistrée dans mon article sur les Parisiennes. J'aurai peut-être un jour l'occasion de peindre les Françaises en province : je serai toujours vrai, dussé-je encourir leur indignation ; je n'ai plus, à mon âge, à redouter les suites funestes de leur colère.

Je me suis bien éloigné du sommet glacé du Canigou; mais quel est l'écrivain ou le peintre qui reste toujours guindé sur la cime des montagnes et ne descend jamais dans la plaine, quand ce ne serait que pour donner à ses couleurs une teinte moins monotone? Mais en courant après la variété, je n'ai point peint les sangliers dans les flots, ni les dauphins sur la cime des chênes, et si je m'écarte quelquefois de la ligne tracée, c'est lorsque j'aperçois une vérité dans l'éloignement; je la poursuis alors et cherche à la ramener dans ma sphère; peut-on, doit-on m'en faire un reproche? Soit..... mais la vraisemblance! Oh! c'est ce dont fort peu je m'occupe. Quel est l'homme de lettres qui, après avoir traversé la révolution, observera servilement le classique, mais faux précepte du suprême législateur? Il n'en est pas un, s'il veut être de bonne foi, qui, de nos temps, s'amuse à la vraisemblance : il courrait risque de ne pas être vrai. A Paris, par exemple, on a vu l'émigration ; c'est de là que sont partis les ordres de déporter les prêtres, d'égorger les prisonniers, de détruire les temples, de jeter dans les prisons les adversaires du terrorisme ; mais on n'a pu juger des effets qu'ont produits ces sanguinaires décrets, et dans les provinces, et dans les pays étrangers qu'occupaient nos armées. Notre gaîté couvrait de fleurs les précipices ouverts par ces extravagans qui voulaient changer la face du monde, et les habitans de la capitale crieraient à l'hyperbole en entendant le récit exact de tout ce dont nous étions, ou les témoins, ou les tristes victimes. Mais c'est assez raisonner, tâchons de remettre un peu d'ordre dans notre narration, et félicitons-nous; car si j'avais une appréhension, n'était-ce pas celle de faire passer dans mes écrits et dans mon style l'ennui que me rappelait le souvenir des fastidieuses occupations auxquelles j'étais condamné pendant mon exil? Les lettres nombreuses et multipliées de Cécile en pouvaient pour moi briser la monotonie; mais cette correspondance, portant le cachet de la tristesse, ne présentant que des faits connus aujourd'hui de tout le monde, n'aurait pas le même intérêt pour le lecteur; je ne parlerai donc que de sa joie, de son extrême plaisir à m'annoncer les événemens du 9 thermidor. Comment peindre ses aimables transports, ses douces espérances! le sang français ne coulait plus sur les échafauds, les fers de l'innocence étaient brisés; elle voyait enfin le terme de mon ban et de nos mortelles inquiétudes. L'évasion de la marquise avec un gentilhomme des environs, fut le sujet d'un paragraphe assez plaisant. A peine eut-elle appris l'arrestation et le supplice des décemvirs, de leurs complices, et la chute du tribunal révolutionnaire, que, fatiguée du poids de la reconnaissance, elle prit les mesures les plus actives pour ne pas en être écrasée, et délivra clandestinement ses hôtes d'un fardeau que ses opinions, ses intrigues et ses mœurs ne rendaient pas léger ; la pauvre femme était parvenue à trouver un don Quichotte pour la conduire dans les savanes de l'Amérique.

Le colonel partagea toute mon allégresse, et la paix de Bâle vint y mettre le comble. Nous reçûmes l'ordre de rentrer au Mont-Louis avec tout notre attirail de guerre, et pendant que nous songions à cette retraite, un trompette envoyé par les Miquelets nous prévint de l'armistice provisoire ; nous leur expédiâmes, en échange, copie du traité conclu entre le roi d'Espagne et la république française. Dès cet instant l'harmonie se rétablit, ou plutôt les hostilités cessèrent ; car avec de pareils ennemis on nous permettra bien de conserver, du moins au fond du cœur, quelque méfiance. Cependant la saison était belle, le temps magnifique, et j'éprouvais un véritable regret d'abandonner le pays sans avoir contemplé de près ces sites pittoresques, ces jeux bisarres de la nature, ces énormes géants dont le front sourcilleux suspendait le vol rapide des nuages, ces volcans éteints dont les cratères, entourés de lave durcie, attestaient la vieille existence. Telles étaient les pensées que je manifestais à table, lorsque l'officier espagnol chargé de l'exécution du traité, proposa de nous conduire à l'ermitage. « On ne peut quitter la contrée sans avoir vu ce prodige, sans avoir dessiné quelques points de vue aussi singuliers par les contrastes que par les merveilleux effets de la lumière, et nous célébrerons, dans ces lieux, la fête de la réconciliation. » Ce langage, la pureté des expressions castillanes, son tour de phrase, me séduisirent, et je donnai mon consentement : notre colonel secouait la tête; mais, pour ne pas nous affliger, il prit toutes les précautions capables d'éviter une surprise, sans toutefois montrer ostensiblement ses craintes; il donna l'ordre à Louis de charger sur un mulet quelques provisions, prit son sabre et ses pistolets. Nous voilà donc métamorphosés en peintres de paysage; partons.

Après avoir marché trois ou quatre heures sans nous être aperçus de la longueur de chemin, la chose n'était pas possible avec mon ami, dont la mémoire était inépuisable et les observations aussi fines qu'ingénieuses sous l'apparence unie de la simplicité; pas une chaumière, pas un arbre, pas un ravin, pas un buisson qui ne lui fournît matière à des contes plaisans, à quelque amusante anecdote. Nous arrivons sur la crête d'une montagne où se déroule à nos yeux le tableau le plus majestueux et le plus piquant : c'était un amphithéâtre parfaitement ovale; dans l'arène serpentait un assez large ruisseau, dont l'entrée dans le vallon, ainsi que la sortie, était pour l'œil un problême difficile à résoudre. Comment descendre dans cet abîme couvert jusqu'à mi-côte par une forêt de liéges formant un large bandeau circulaire? L'Espagnol nous précéda dans le sentier, et tout le monde suivit, jusqu'au mulet, plus habile et plus ferme que nous, dans ce labyrinthe perpendiculaire. Au sortir de la forêt, des roches éparses, au milieu desquelles la main de l'homme avait planté quelques ceps de vigne, nous firent sourire ; c'est le signe non équivoque de la satisfaction éprouvée, quand, dans un vaste désert, ou dans les sinuosités des monts que l'on regardait comme inaccessibles, l'on aperçoit quelques traces de notre industrie. Au bas se trouvait une prairie autour de laquelle croissait un groupe de saules pleureurs, dont les branches pendantes inspirent une douce mélancolie. Mon imagination, toujours ardente, me représenta Cécile sous ces arbustes, arrosant un tombeau de ses larmes. Je m'éloigne, et l'image fantastique disparut sur-le-champ, non sans me laisser un serrement de cœur dont je ne fis part à personne, de peur que l'on ne me traitât de visionnaire; mais, dans la suite, combien de fois cette image funèbre est venue se retracer dans mon âme affligée par la plus cruelle infortune que puisse éprouver l'être le plus sensible et le plus aimant. Nous traversâmes la petite rivière sur des quartiers de roche placés à distances égales, et toute la petite caravane parvient sans accident jusqu'à la rive opposée. Quelques roussins d'Arcadie, animaux pour lesquels, comme on ne le sait que trop, j'ai toujours eu la plus profonde vénération, paraissaient suspendus sur les flancs d'un tertre entouré de chardons en fleurs, dont ils se rassasiaient en baissant l'oreille sans doute, pour ne pas entendre les chants rustiques et discordans de quelques ouvriers occupés dans la forêt à dépouiller le liége de son écorce, seule industrie du pays, où l'on trouve à chaque pas des manufactures de... bouchons.

Non loin de ce tertre, sur une hauteur dont l'angle formait une espèce de cap, nous vîmes, à travers les branches de deux noyers contemporains de Pélage ou des chevaliers errans, un petit clocher à l'espagnole, surmonté d'une croix en fer; c'était là le terme de notre voyage. Il faut être ami des arts et de la belle nature pour concevoir toute notre surprise, notre étonnement, notre admiration, quand, sur le plateau, nous projetâmes nos regards sur cette magnifique vallée qui, vue de la hauteur, ne nous avait paru qu'un gouffre peu digne de la curiosité, moins encore du pinceau des paysagistes. La monotonie de l'ovale avait disparu; des incidens nombreux, des ouvertures multipliées, terminées soit par une cascade, soit par une grotte, soit par une clairière exposée aux rayons du soleil; les eaux argentées du ruisseau, qui reparaissaient après un circuit assez ombragé pour les dérober à notre vue; quelques cabanes éparpillées qui, de loin, semblaient placées sur la voûte des arbres; un énorme rocher, dont la saillie, en demi-cercle, protégeait, en le menaçant, l'artiste ou l'ouvrier assez hardi pour aller chercher sous ce toit de la nature, un refuge contre la fureur des élémens déchaînés; tous ces objets variés, qui se groupaient ou se divisaient à l'horison de notre rayon visuel, nous rendaient muets de stupéfaction, et chaque instant voyait croître notre ravissement.

Toutes ces beautés de la nature ne donnent point à dîner, s'écria vivement notre coryphée, plus ami de la bonne chère que de ces harmonieuses scènes devant lesquelles, en extase, le peintre oublîrait qu'il est homme, si ses entrailles à jeun ne lui rappelaient, en murmurant, sa criminelle insouciance. Force donc fut d'obéir à notre maître, qui dirigeait ses pas vers le Campanillo. Bientôt nous découvrîmes la petite chapelle, dont la porte, couronnée par une madone assez richement vêtue, était, nuit et jour, ouverte aux fidèles qui venaient y porter leurs offrandes; à quelque distance de ce petit temple fort simple, et que la vétusté rendait plus vénérable encore, s'élevait un petit bâtiment à deux étages, couvert en tuiles, bien entretenu; sur les côtés se prolongeait, au milieu de la colline, un mur en pierres sèches, tapissé de lauriers roses. Les bouquets de ces jolis arbustes se balançaient au-dessus de la faible barrière dont ils ornaient élégamment le faîte ; c'était la demeure de l'ermite que nous trouvâmes en oraison. Cet homme, au premier coup-d'œil, ne me parut pas né pour son état ; sa figure, quoique sillonnée par quelques rides, avait un air de noblesse et de dignité qui nous imposa. Dans l'accueil qu'il nous fit, on remarquait cette affabilité, cet usage du monde que l'on n'acquiert pas au désert. Il s'exprimait en français avec trop de facilité pour ne pas le regarder comme un de nos compatriotes que les fureurs de la révolution avaient obligé de s'expatrier. A son accent, je sentis qu'il était encore plus que Français pour moi, qu'il était né dans l'Occitanie, et dans mes réponses, j'employais l'idiôme languedocien ; il en fut effrayé ; ne s'imagina-t-il pas que nous venions pour l'arrêter et le conduire en France? « Messieurs, nous dit-il en bal» butiant, j'ai commis un grand crime ; » le ciel, dont j'implore la miséricorde de» puis vingt ans, n'a pas voulu sans doute

» exaucer mes prières, puisqu'il a permis » que vous vinssiez m'arracher à ma soli- » tude. Sa volonté soit faite, je me remets » entre vos mains. On a sollicité peut-être » mon extradition? mon Dieu, vous avez » tant souffert pour nous! qu'est-ce donc » pour un chrétien que l'humiliation de » l'échafaud? — Calmez-vous, mon bon » père, calmez-vous, lui dis-je en pleurant » moi-même, nous venons, en amis, vous » rendre visite et demander votre bénédic- » tion. — Bon jeune homme, que Dieu » vous protége; puissiez-vous ne jamais » succomber aux passions déréglées de » l'amour, du luxe et de la vanité. »

Remis un peu de sa terreur panique, l'ermite nous offrit des rafraîchissemens, et sans attendre notre consentement, il couvrit une table en lave polie de fruits de la saison : melons, amandes, pêches, fraises, raisins, olives, noisettes. O Pythagore, où donc étais-tu? Les provisions du mulet, plus succulentes et moins froides, ajoutées aux présens du bienveillant solitaire, complétèrent la collation, et le saint homme riait de nous voir, en ouvrier de bon appétit, partager sans partialité nos faveurs entre ses mets et les nôtres. Il se contenta de quelques noisettes et d'un verre de vin que nous lui offrîmes; à peine eut-il cette liqueur sur les lèvres: « Vin de Puycerda, dit-il, boisson capable de faire danser les chèvres (proverbe du pays). » Ce transport de gaîté nous mit plus à notre aise, surtout quand nous le vîmes se lever de table pour ouvrir une armoire où se trouvaient, rangées en bataille, une trentaine de bouteilles dont la tête enduite de cire nous réjouit intérieurement. Voilà du Xérès, mes enfans, c'est un présent de monseigneur l'archevêque de Sarragosse; je le conserve précieusement pour les pauvres ouvriers des environs quand ils sont malades; je viole aujourd'hui la loi que je me suis imposée. Le Xérès était digne de la bouche d'un prélat. Je brûlais du désir de connaître l'histoire de l'ermite. Après le repas, nous parcourûmes le jardin, que nous trouvâmes dans le meilleur état. Sous la tonne de chèvrefeuille, silencieusement assis, nous pensions au retour; mais le soleil était encore à son zénith; le colonel, aussi curieux que moi, mit dans ses remercîmens une franchise, une aménité, une délicatesse qui dissipèrent tous les soupçons. « Il n'est pas besoin d'une grande pénétra» tion, répliqua l'ermite, pour entrevoir » que vous désirez tous entendre le récit » de mes tristes aventures; jeunes gens, » elles peuvent être de quelque utilité pour » vous; qu'elles vous préservent au moins » des angoisses du repentir. Après avoir fait » mille fois l'aveu de ma faute en présence » de l'Être suprême, il ne me reste plus, par » esprit d'humilité, que d'en faire l'aveu » devant mes semblables, et je suis bien » aise, messieurs, de trouver l'occasion » que je cherchais depuis si long-temps. »

HISTOIRE DE L'ERMITE.

« Mon père, gentilhomme languedocien, dans la guerre de la pragmatique, se distingua sous les ordres du maréchal de Saxe, dont il admirait les talens; heureux s'il eut là borné sa manie de l'imiter et de le prendre pour modèle! Après la conclusion du traité d'Aix-la-Chapelle, il revint dans sa patrie plus chargé de dettes que de lauriers. Afin de réparer les brêches qu'avait faites à sa fortune le luxe de représentation, ruineux pour les officiers subalternes à cette époque, il ne consulta que l'intérêt, et choisit sa compagne dans les rangs inférieurs de la société. La fille d'un riche commerçant prit en échange de ses trésors le titre de marquise, si doux alors à certaines oreilles. Je fus le premier fruit de cette union assez mal assortie; quelques temps après, ma mère trouva la mort en donnant la vie à ma sœur. Je fus élevé par les bénédictins de Sorèze; ma sœur, en récompense des bons et loyaux services de mon père, fut admise à Saint-Cyr. Il resta douc seul et veuf dans un âge où les plaisirs de la jeunesse ne sont pas sans attraits; et ce goût ne diminua point quand le déclin des années devait l'avertir qu'il était décent d'abandonner une carrière dangereuse et du plus funeste exemple pour sa petite famille.

» Je désirais vivement embrasser la profession des armes, et je demandai la permission à mon père de suivre, dans le nouveau continent, ces jeunes militaires qui allaient combattre sous les drapeaux de l'indépendance. Vive opposition de sa part. Il me rappela même auprès de lui sous un pauvre prétexte, et me signifia ses volontés en ces termes : « J'ai pour vous, » mon fils, un riche parti; convenances » d'âge, convenances de fortune, convenances de rang. Une infinité de prétendans se sont déjà présentés; mais je ne » doute point que vous ne l'emportiez sur » tous ces rivaux; mettez-vous sur les » rangs; pour moi, je crois avoir assez » d'ascendant sur l'esprit des parens pour » les faire consentir à votre union, si toutefois elle vous est agréable, » ajouta-t-il avec un sourire malin. Je répondis par les lieux communs en usage dans ces circonstances; et, par son entremise, j'eus le bonheur de voir assez souvent la jeune demoiselle. Sa beauté me frappa d'abord; mais il semblait que la vanité se fût peinte elle-même dans chacun de ses traits. Il n'entrait, dans cette tête, d'autres pensées que celles qu'inspirent la coquetterie et le luxe des vêtemens poussés à leur dernier période. Ces défauts n'en étaient pas aux yeux de mon père, tout plein de son maréchal de Saxe et de ses maîtresses. Il me pressait vivement. Enfin, pour ne pas lui déplaire, je hasardai quelques mots; ils ne furent pas trop mal reçus; on s'attendait à la déclaration. Les batteries avaient été dressées avec tant d'habileté, que, chargé dans tous les sens, il ne me fut pas possible de faire un pas rétrograde; un refus eût éternisé la haine entre les deux familles, et fait couler peut-être des torrens de sang. Je pris le parti le plus humain, et nous fûmes unis.

» Je ne puis vous peindre toute la joie de mon père quand il fut instruit de ma résolution ; rien ne l'arrêta ; toutes les difficultés qui, dans les provinces, se multiplient en présence du notaire, furent surmontées par les concessions ; et la célérité des préparatifs fut telle, qu'elle étonna même une des parties contractantes, qui n'était pas la moins empressée. Les esprits les moins clairvoyans auraient conçu des soupçons ; ils s'évanouirent devant cette simple réflexion : mon père est libre, à peine touche-t-il à son neuvième lustre ; riche, il n'eut eu qu'à s'offrir pour être accepté ; voudrait-il se déshonorer ? Mais, hélas ! que j'étais loin de connaître l'élève du héros de Fontenoi ! A ses soins empressés, à sa servile obéissance, à son abjecte soumission aux volontés, aux moindres caprices de celle qu'il nommait sa fille, il fallait être aveugle pour ne pas voir qu'il désirait obtenir un tout autre titre que celui de père ; on accordait sur-le-champ tout ce qui pouvait satisfaire la vanité; on prodiguait les parures les plus brillantes, les bijoux les plus précieux, enfin tout ce qui pouvait assouvir un luxe aussi ridicule qu'extravagant. J'aimais ma femme comme un honnête homme doit aimer la sienne, et je voyais avec douleur que nous serions l'un et l'autre victimes d'une passion désordonnée; car le luxe, pour se soutenir, foule aux pieds tous les droits et tous les devoirs; rien n'est sacré pour lui. Ce n'était pas la jalousie qui me donnait de l'humeur; mais mon amour-propre souffrait d'une préférence qui n'était pas dans l'ordre de la nature. Je fis des observations, on y répondit par des plaisanteries. Enfin je résolus d'arracher mon épouse de la maison paternelle et de la conduire à Paris. Je m'attendais à la plus violente opposition; je tins ferme, et je partis. Notre voyage ne fut point agréable, notre séjour dans la capitale moins encore; rien n'était au goût de Madame; l'air humide et froid l'incommodait et crispait l'épiderme; la société l'obsédait dès l'instant qu'il nous était défendu de rivaliser avec les dames de la cour ; et sa beauté, quoique peu commune, se trouvait trop souvent éclipsée au théâtre, contrariété qu'elle ne supportait qu'avec le plus grand dépit. Elle poussa la hardiesse jusqu'à me dire que mon intention était de lui donner la mort en la tenant ainsi captive loin de son pays natal, et qu'elle prendrait un parti violent.

Voyant que je n'étais pas homme à céder aux menaces, elle eut recours aux prières, aux larmes, aux supplications, et je fus vaincu. Revenu dans ma patrie, là j'appris seulement que mon père était arrivé la veille d'un fort long voyage. Cette nouvelle ne me surprit point ; on se cache plus facilement à Paris qu'en province : ma seule précaution fut de vivre à la campagne; mon père en fut vivement blessé. Il répandait le bruit que mon extrême jalousie rendait malheureuse toute ma famille; que je l'avais abandonné quand son âge exigeait des soins que ne peuvent donner des mains étrangères. Jugez quelle fut l'indignation d'un gentilhomme qui n'avait rien à se reprocher quand on l'accusa publiquement d'indifférence et d'ingratitude. J'écrivis, point de réponse. Enfin, succombant sous le poids de mes peines, je pris la détermination de rendre à mon épouse toute sa liberté, de me débarrasser de toute surveillance, et de la laisser agir sans l'obséder de mes remontrances, d'ailleurs fort inutiles. Cette abnégation de moi-même ramena la paix dans la maison, et rien ne paraissait devoir troubler cette tranquillité, quand un soir, revenant de la chasse, je rencontre, sur l'escalier de notre maison, mon aimable compagne, mise avec un luxe, une coquetterie, une élégance dont je fus irrité; je la suivis dans sa chambre, je la suppliai de ne point faire renaître toutes mes inquiétudes. On n'est pas jaloux quand on n'aime pas, me dit-elle d'un ton léger et même assez leste. Je me précipitai à ses genoux.... Laissez-moi, je vous abhorre.... Êtes-vous complaisant, êtes-vous aimable comme?.... N'achève pas, lui dis-je en me relevant, et crains tout de mon désespoir...—Quoi, barbare! oserais-tu?... C'était la voix de mon père.... La rage trouble tous mes esprits, je ne me connais plus, et j'enfonce mon couteau de chasse dans le cœur de l'infidèle; elle était enceinte : à ses cris, son amant vole à son secours l'épée à la main; j'évite ses coups et l'étends à mes pieds. Sa blessure ne fut point mortelle, pas même dangereuse. » La voix de l'ermite, à ces derniers mots, s'affaiblit, il respirait à peine, et tombe à nos pieds presque sans connaissance; mais bientôt, reprenant ses esprits, il se prosterne, adresse une prière à l'Être-Suprême, et, malgré notre opposition, il continue en ces termes :

« Dès ce moment, je ne sais ce que je » devins; je prends la fuite, mais je suis » arrêté, conduit devant un tribunal, et » condamné au supplice des parricides. La » religion, la religion, que j'avais trop né» gligée jusqu'alors, vint à mon secours

» dans cette horrible situation. Je ne vou-
» lus point marchander ma vie en ap-
» pelant de la sentence à des juges supé-
» rieurs, et je me disposais à subir en chré-
» tien les tourmens auxquels les hommes
» m'avaient condamné, quand, à mon insu,
» l'appel fut interjeté devant le parlement
» de Toulouse. On me conduisait devant
» mes nouveaux juges, et, non loin de Cas-
» telnaudary, mon escorte fut attaquée,
» dispersée par une troupe de gens mas-
» qués et bien armés; il est vrai que les
» exempts de la maréchaussée n'opposèrent
» pas une grande résistance. Étaient-ils
» gagnés? je l'ignore, mais je le soupçonne.
» A travers les Corbières et les montagnes
» du comté de Foix, je suis conduit sur
» le territoire espagnol. Le chef alors quitte
» son masque; c'était mon père!... ce père
» que j'avais tant offensé. Je ne pus proféré-
» rer un seul mot, pas même lever les yeux
» sur lui; je restai debout, immobile
» comme une statue. — Tenez, me dit-il,
» en me remettant avec une bourse pleine

» une lettre cachetée, vous m'avez as-
» sassiné, j'ai voulu vivre pour vous sau-
» ver; mais l'infortunée dont vous m'avez
» privé, non, je ne lui survivrai pas long-
» temps. — Mon père, lui dis-je en me je-
» tant à ses genoux, vous avez causé tous
» nos malheurs; je vais consacrer ma vie
» à demander au ciel votre pardon et le
» mien. Oui, je vais me rendre à Sarra-
» gosse, et solliciter auprès de son excel-
» lence la permission de me retirer dans
» un désert, pour y faire pénitence jus-
» qu'à mon dernier jour. Je ne cachai rien
» à l'archevêque en lui remettant ma lettre,
» et j'obtins de lui tout ce que je désirais.

» Ce fut lui-même qui m'apprit dans la
» suite ma condamnation par contumace
» au parlement de Toulouse, la confisca-
» tion de tous mes biens, la mort de mon
» père, que le chagrin et les remords con-
» duisirent au tombeau. Ma sœur, pour se
» soustraire à tant d'ignominie, avait fait
» vendre la partie de ces biens qui lui ap-
» partenait, et s'était retirée dans un mo-

» nastère à Cologne. Quelques hommes » sensibles et compatissans pourront m'ab- » soudre au fond de leur cœur ; mais » moi je ne m'absoudrai jamais d'avoir » attenté à la vie de mon père, quelque » coupable qu'il fût envers moi. J'invoque » chaque jour la clémence de l'Être-Su- » prême, et l'espoir d'apaiser sa colère » est ici-bas ma seule consolation. » En terminant son récit, l'ermite essuya ses larmes, et demanda la grâce de nous donner le baiser de paix.

Cette déplorable histoire nous plongea tous dans la plus profonde tristesse. Quelques instans après, nous quittâmes le vallon ; j'étais si fortement préoccupé, que je ne songeai pas même à prendre mes crayons. Tout le monde gardait le plus profond silence. L'ermite vint nous accompagner jusque sur le sommet de la montagne ; après nous avoir souhaité mille prospérités, il nous donne une seconde fois le baiser de paix, et reprend lentement le chemin de sa solitude.

Le colonel, fatigué de cette morne taciturnité, qui nous métamorphosait en véritables pélerins de Saint-Jacques, s'efforça de faire diversion en nous contant l'histoire d'un autre solitaire, qui passait son temps d'une manière plus joviale et plus gaie que M. le comte de***. Il avait un excellent remède contre la stérilité des dames, les pâles couleurs des demoiselles, et disait la bonne aventure à toutes les jolies bergères du canton. Facétieux et goguenard, il jouait mille tours plaisans aux pauvres maris, en sauvant toujours les apparences. Cependant, malgré toutes ses précautions, l'évêque, successeur du fameux Pavillon, et plus janséniste que lui, fut instruit des désordres du solitaire, et lui intima l'ordre de quitter la contrée, sous peine de le renfermer sa vie durant dans un séminaire, pour y faire pénitence de ses péchés; il obéit sur-le-champ, et partit en disant : « Ma récolte est faite » dans ce pays, je n'aurais plus qu'à gla- » ner; transportons ailleurs nos pénates; le

» ciel n'est pas impitoyable, il connaît nos » besoins, et, dans sa miséricorde, il voudra » bien nous favoriser et nous accorder une » ample moisson. » Il prit son crucifix, son image de saint Pacôme, et, sans oublier sa besace, il alla porter dans un autre pays ses talens et son industrie. Le sel et l'expression, que notre commandant mettait dans tous ses récits, firent disparaître jusques aux plus légères traces de notre commotion mentale, et nous arrivâmes à Puycerda, où tout était déjà disposé pour notre départ. Nous quittâmes dans la nuit le territoire ennemi, non sans témoigner à l'officier-commissaire espagnol tous nos regrets de laisser un ami digne de l'attachement des Français, dans le cœur desquels les préjugés n'ont point étouffé la voix de la raison.

CHAPITRE VIII.

RETOUR DANS MA PATRIE... HORRIBLE CATASTROPHE... DÉPART POUR L'ITALIE.

Dix-huit mois d'exil! dix-huit ans! dix-huit siècles!... Je n'y pensais plus... N'avais-je pas devant moi la belle perspective de la plus douce, de la plus suave des jouissances? Derrière se trouvaient en masse toutes les peines, toutes les sensations douloureuses. Je ne détournai point la tête; les rappeler n'était-ce pas diminuer la somme de mon bonheur, n'était-ce pas atténuer la vivacité du plaisir qui m'attendait non loin de ma patrie? En vain Grézieu, pour mettre ordre à ses affaires particulières, essaya-t-il de me retenir quelques jours au quartier-général; je ne lui laissai pas un moment de tranquillité. Je le tracassais, je le tourmentais, je le désolais; poursuivi jusque dans ses derniers retranchemens, il fut enfin forcé de capituler; en vainqueur courroucé d'une résistance opiniâtre, j'exigeai qu'il se rendît à discrétion. Je pris ses paperasses, et les jetai sans ordre dans le coin d'une malle; il se moquait de mon empressement, je le grondais de sa lenteur. Prononçait-il un mot, je l'accusais d'égoïsme; se mettait-il en colère contre ce qu'il appelait mes persécutions, je le suppliais de ne point se soustraire à notre reconnaissance; il me tendait alors la main, nous nous embrassions, et tout était fini, sauf à recommencer la même scène un instant après. Le délai fatal expire, et je le somme de tenir sa promesse; je le menaçai même de toute l'indignation de celle dont il avait été le bénévole correspondant, s'il se permettait la moindre hésitation; tandis que je ne cessais de le harceler, ce mystérieux ami ne pensait qu'à moi, ne songeait qu'à moi, ne s'occupait que de mon existence future. Rien dans l'intérieur, et sous un gouvernement qui changeait à chaque moment de principes et de maximes, rien de stable; point de profession, point de commerce; les universités, les académies, les sociétés savantes avaient succombé sous la hache révolutionnaire, et, pour les jeunes gens, nulle autre ressource que l'armée, ou les administrations militaires. Ce provisoire pouvait altérer les facultés de l'âme, et faire germer la corruption dans le cœur, en alimentant l'ambition et la soif de l'or; ce qui n'arriva que trop, ce qui fut la cause des désordres et de la profonde immoralité dont nous fûmes les témoins sous le gouvernement directorial. Mais aussi, quels avantages en retirait celui qui désirait vivement étendre la sphère de ses connaissances; les voyages dans les diverses contrées de l'Europe, entrepris par un homme dont l'amour d'une vaine gloire n'enflammait pas l'imagination, qui ne courait point après cette opulence dont l'éclat fascine les hommes et corrode tous les ressorts de l'esprit, n'avaient-ils pas une grande utilité?

Tout était prêt : attelés à notre chariot de campagne, les mulets, animaux plus que pacifiques, quoique extrêmement vigoureux, dressaient leurs longues oreilles, signe évident de leur impatience; notre moço paraissait faire chorus avec elles, et moi, tapi dans l'intérieur, je rongeais mon frein, pestant contre les fâcheux qui sans doute retenaient mon ami; débitant largement une kyrielle d'imprécations, et murmurant de sa faiblesse, de son indolence, de sa facilité; car c'était un défaut capital chez lui d'écouter patiemment tout le monde; ce qui le forçait à mettre de la lenteur dans toutes ses opérations. Je l'avais surnommé *Fabius Cunctator*. Je le vois arriver enfin, rayonnant de joie, fort satisfait de lui-même, accompagné du colonel dont il est si souvent parlé dans le chapitre précédent; on lisait dans ses yeux qu'il avait une agréable nouvelle à m'annoncer. Il tenait dans ses mains deux papiers, l'un en forme de lettre, l'autre avait toute l'apparence d'une requête ou d'une feuille de route... Mais, au pied de la voiture, sans jeter un coup d'œil sur le pauvre patient, il s'entretenait avec le camarade, et mettait même assez de feu dans la conversation; il termina par le charger de réparer tous les oublis. « Avec cette tête » méridionale, ajouta-t-il, on n'est pas » maître de soi-même; il m'a tyrannisé.— » Propos d'esclave. » A cette saillie, on ne put conserver ni son sérieux, ni ce ton grave que l'on mettait dans tous ses discours; et, se plaçant à côté de moi : « Te » voilà satisfait, fatiguant personnage; » deux jours de plus, et nous amenions » avec nous ce pauvre commandant, dé» solé de nous voir partir sans lui. » Je me repentis vivement alors de n'avoir pas suivi ses conseils; mais si le mal était sans remède pour le moment, il pouvait se réparer dans quelques jours, et cette pensée me consola;

d'ailleurs, j'apercevais entre les doigts de Grézieu une adresse qui faisait battre mon cœur. Cependant, les droits de l'amitié la plus pure et la plus sincère ne furent pas lâchement négligés; je priai le colonel de venir nous joindre le plus tôt possible, et mis dans les instances plus de feu, plus de vivacité que je ne devais en attendre de moi, qui, tout en m'adressant à mon chef de brigands, ne perdais pas de vue les papiers dont étaient armées les mains de mon compagnon de voyage; il me remit d'abord la feuille imprimée, avec vignettes et cul de lampe; c'était un ordre de l'administration générale de surveiller, en qualité d'agent principal, tous les établissemens que l'on était forcé de laisser dans la dixième division militaire. En sollicitant, en obtenant cette faveur, il n'est pas besoin de dire quelles étaient les intentions de mon ami; tout conspirait à me porter au comble de la félicité, et ce fut moi qui devins l'artisan de ma ruine et de mon horrible infortune. J'avoue qu'en me jetant dans ses bras pour le presser sur mon cœur, j'oubliai tout, jusqu'à la lettre. Douce et bienfaisante amitié! les sensations délicieuses que tu nous fais éprouver valent bien celles de l'amour! Tes larmes ne sont pas âcres et corrosives, mais, pénétrant insensiblement dans notre âme comme une rosée limpide et rafraîchissante, elles en calment l'effervescence et les agitations, elles la ramènent à cet état de paix et de quiétude dont elle voudrait éternellement jouir. Je prolongeai donc ces momens de son triomphe, et tout autre sentiment paraissait suspendu, quand je sentis une main pénétrer jusque sur mon cœur, pour y déposer cette lettre dont naguère l'adresse avait excité toute la violence de mes désirs. Comment ne pas entendre ce langage muet? Je me relève, et, sans lui témoigner ma reconnaissance (au point où nous en étions nous amuser à perdre ainsi le temps!), sans proférer une seule parole, j'obéis, et brise en tremblant le léger obstacle qui me séparait de ma bien-aimée. Le plus profond silence régnait autour de nous ; il n'était interrompu que par le cri monotone des roues, et les sons aigus des clochettes, auxquels nous étions trop accoutumés pour qu'ils pussent troubler un instant la tranquillité dont nous jouissions l'un et l'autre.

Avec quelle avidité je parcourus ces signes qui me retraçaient les pensées d'un second moi-même ! Le chariot, le chemin, la contrée, mon ami lui-même, tout avait disparu ; je ne voyais que ma lettre. Lecteur, elle n'était intéressante que pour moi ; dois-je t'en faire part ? Non. Mais si mon respect pour toi me retient, je ne puis et ne dois pas avoir pour mon ami la même déférence, et permets-moi de la lui remettre. Tu ne m'aurais pas peut-être su gré de cette communication, tandis que de sa part je n'avais pas à craindre une pareille indifférence. J'examinais sa physionomie, je saisissais toute sa pensée à mesure qu'il parcourait la lettre ; mais je le vis frissonner au dernier paragraphe. Qu'avez-vous donc ? lui dis-je. — « Hélas ! mon

» ami, l'on nous menace d'une réaction, » et d'une réaction populaire! nous allons » encore voir couler le sang! Insidieuse » manœuvre du gouvernement anglais! » nos victoires sur le Continent l'ont ef- » frayé. Le 9 thermidor semblait mettre » un terme à nos divisions intestines; les » paix partielles avec la Prusse et l'Espagne » augmentent les forces opposées aux enne- » mis qui nous restent; la Vendée et les » chouans s'affaiblissent, il faut leur don- » ner des auxiliaires; et, sous prétexte de » poursuivre les Jacobins, les partisans de » l'ancien régime, profitant de l'animad- » version du peuple contre le comité de » salut public et ses agens, confondront » avec plaisir dans la vengeance les hom- » mes de 89, qui les ont privés de leurs » titres, de leurs honneurs et de leurs pri- » viléges. Tel est le plan machiavélique » dressé dans le cabinet de Londres, et » nous ne tarderons pas d'en voir l'exécu- » tion. Heureux ceux que l'on n'osera pas » venir immoler dans les camps, au mi-

» lieu de leurs compagnons d'armes. »

En me tenant ce triste langage, cet officier semblait avoir prévu le spectacle dont nous fûmes les témoins dans ma ville natale. La populace en fureur demandait la tête d'un malheureux que la force armée conduisait à l'Hôtel-de-Ville; c'était, nous dit-on, le secrétaire intime et particulier du dernier proconsul, du fameux Chaudron. Ancien moine de Saint-Bernard, il avait apostasié pendant le règne de la terreur; il avait même poussé la condescendance envers les Jacobins jusqu'à violer une des premières règles de discipline depuis long-temps en usage dans l'église catholique; l'hymen l'avait enrôlé sous ses bannières. Les cris de rage croissaient de minute en minute; il était à craindre que l'on ne mît en pièces l'ex-bernardin avant qu'il n'arrivât en présence des magistrats. Nous nous ouvrons un chemin à travers la foule, et, grâce à l'uniforme dont nous étions revêtus, nous arrivons jusqu'à cet infortuné, qui pouvait à peine se soutenir, et qui se croyait à son dernier moment. Je ne fis pas d'abord grande attention aux traits de sa figure pâle et décomposée; mon plus grand soin était d'écarter le peuple, que les soldats contenaient avec la plus grande peine. Bientôt nous vîmes accourir les victimes qu'il avait envoyées au tribunal révolutionnaire à Paris, et qu'avait sauvées la révolution thermidorienne; je les connaissais tous; ils avaient, en 1789, embrassé la cause de la liberté; mais ils avaient marché tous sur la même ligne que moi; ils étaient, comme moi, les implacables ennemis du Jacobinisme, et, dans cette circonstance, oubliant leurs anciennes injures, ils réunirent leurs efforts aux nôtres; le succès nous fit oublier nos peines et nos dangers; car, en couvrant de mon corps la victime, je fus légèrement blessé à l'épaule d'un coup de pistolet, le seul qui fut tiré dans cette journée; nos auxiliaires aussi reçurent quelques contusions, car les pierres sont les armes favorites des paysans de nos régions, et Dieu sait avec quelle adresse ils s'en servent! Nous avons aussi de trop fréquentes relations avec les habitans des îles Baléares, qui ne se contentent pas de nous approvisionner en oranges, ils nous donnent bien d'autres leçons. Grézieu fut assez heureux pour ne point attraper d'éclaboussure dans cette bagarre. Le peuple, néanmoins, mugissait encore aux portes de la municipalité, que prudemment l'on avait fermées. Par une issue secrète, le général se détache de nous, et va se mettre à la tête d'un bataillon de la 4e, attendant sur la place des ordres du maire ou du major. Par la persuasion, plutôt que par la force, il parvint à dissiper le rassemblement. Pendant qu'il délivrait ainsi les magistrats d'un siége aussi dangereux qu'incommode, je fus moi frappé comme par l'éclat de la foudre, quand de plus près j'examinai la face de notre prisonnier, assis au haut du tapis vert de rigueur. Je ne revenais point de ma surprise. — Mais c'est bien lui!... oui, lui-même..... C'est lui; mes yeux ne me trompent point. — Qui donc? — Et le seigneur don Cyprien, ce moine qui joue un si beau rôle dans un de mes chapitres. — Mon cher abbé, me dit-il, *la roche Tarpëienne est bien voisine du Capitole*. Cette sentence, ridicule dans la bouche d'un misérable scribe, m'aurait bien diverti, si les lieux et les circonstances m'eussent permis de lui montrer la distance incommensurable qui séparait un moine ignare, insolent et libertin, du premier orateur du siècle. Je ne pouvais donc douter qu'il ne m'eût reconnu; je feignis cependant d'avoir oublié ses anciennes intrigues, et les horribles projets qu'il avait conçus et presque exécutés sur les bords du canal royal, dans le jardin des Hespérides.

La municipalité se trouvait dans le plus cruel embarras; le moine pesait horriblement sur les épaules du maire. Le renfermer dans une prison, c'était agir révolutionnairement, attenter à la liberté individuelle d'un citoyen moralement coupable, mais dont les crimes échappaient à la juridiction des tribunaux : il ne fallait point tomber dans les excès si vivement reprochés à nos ennemis; le renvoyer, c'était le livrer aux fureurs d'une populace irritée, et son sang, quoique de peu de valeur, retombait sur notre tête : l'honnête homme n'aime pas à voir sur ses habits de pareilles taches. Nous fimes cesser cet état d'incertitude et d'anxiété, en proposant, le général et moi, de transférer à nos périls et risques, dans la cité la plus voisine, l'ex-secrétaire du proconsulat. Un malheureux que l'on délivre d'un immense fardeau prêt à l'accabler, n'est pas plus radieux et content que ne le fut, en entendant notre proposition, le grave président du corps municipal. Tous les préparatifs furent faits dans le plus grand secret. Nous supposâmes l'ordre le plus pressant de nous rendre au quartier-général établi provisoirement à Montpellier, et sans exciter le moindre soupçon, nous eûmes à notre disposition des chevaux de poste. Le moine, transformé par nos soins en Ilote, costume qui lui convenait à ravir, conduit par deux officiers sur l'honneur et la probité desquels nous devions compter, nous trouva tout prêts à mettre à la voile à quelque distance de la cité; nous jetâmes notre ex-jacobin dans le fond de la voiture, et fouette postillon. Quand l'aurore parut, nous étions déjà loin de l'Héraut et de cette ville dont le fils du Protecteur, Richard, préférait au trône d'Angleterre les figues et les melons. Dom Cyprien, que je me permis de plaisanter sur sa litière et sur son masque, m'avoua franchement qu'il avait fait bien d'autres tentatives pour obtenir la main de Cécile. « Mais ce qui » donne le plus grand relief à la générosité » de votre conduite, c'est que, pendant » *notre administration*, je ne vous ai point » ménagé, parce que je vous regardais » comme le seul obstacle à l'accomplisse- » ment de mes voeux et de mes désirs. Je » ne sais quelle main puissante vous pro- » tégeait; cependant j'étais parvenu à dé-

» couvrir votre retraite, quand les événe-
» mens de Paris forcèrent Chaudron-Rous-
» seau d'abandonner le département.... »
Théâtre de ses exploits! lui dis-je.—Je lui témoignai combien j'étais sensible à son bon souvenir; mais je le prévins que si je le rencontrais encore avec la litière et le masque, j'étais homme à lui faire un mauvais parti.—Vous n'avez plus rien à craindre, je suis enchaîné.— Marié, vraiment? — Oui, marié. — « Vous mériteriez, au-
» jourd'hui que vous avez de quoi répon-
» dre, que l'on vous traitât comme vous
» en avez traité tant d'autres. » Grézieu sourit en s'apercevant de mon adresse à détourner la conversation, et s'unit à moi pour faire subir à l'ex-révérend le léger supplice du sarcasme, en expiation de son ancienne incontinence et de sa vieille lubricité. A Montpellier il trouva des lettres de sa nouvelle famille, et partit pour aller se placer sous les ailes de son patron, ou tramer encore quelque odieux complot. Nous nous hâtâmes de revenir dans nos

foyers, où nous attendaient les plaisirs, les fêtes et les divertissemens d'un mariage; amusemens d'autant plus vifs, que la hache des Jacobins avait menacé d'y mettre un empêchement diriment, ou plutôt de le dissoudre par une rupture éternelle.

Cependant, nous ne pouvions passer devant le temple sans présenter nos hommages à la divinité; mais ce n'était plus en fugitif, en proscrit, sous le grossier costume d'un Automedon de ferme, que j'allais m'offrir aux regards de ma bien-aimée : j'arrivais en poste, accompagné d'un officier-général, plein de santé, plein d'espérance, et muni d'une place assez lucrative, si j'avais eu l'adresse de la faire valoir; car l'habileté consistait alors dans ce qu'on nomme vulgairement le tour du bâton. Nous surprîmes tout notre monde. Cécile ouvrait ses grands yeux noirs, et ne pouvait croire à la fidélité de la réflexion. La maman restait debout, la bouche béante, et ne se mouvant pas plus que la statue de Loth. Je m'élance, comme un fou, de la voiture, non sans avoir un peu trop vivement pressé les pieds de mon compagnon de voyage, qui, tout en jetant un cri arraché par la douleur, ne pouvait s'empêcher de rire à ce tableau digne du pinceau de Calot ou de Claude Lorrain. En un clin d'œil je réunis dans mes bras et la fille et la mère; alternativement je leur prodiguai mes caresses; je courus ensuite vers l'oncle; mon vieux hôte ne fut pas oublié; j'avais dit enfin bonjour à Bastien, que mon Fabius Cunctator n'avait pas encore mis pied à terre. J'eus donc le temps d'aller le chercher pour le présenter à nos dames, fier d'être le premier introducteur; mon espiègle me priva de cette satisfaction, qui pouvait faire monter jusqu'à mon pauvre cerveau la fumée de la vanité; elle part comme un éclair, me précède, et le saisissant par le bras : « Que je suis heureuse, s'écria-t-elle avec cette expression inimitable du sentiment, que je suis heureuse! Autour de moi, comme sur un seul point, se trouve réuni dans ce jour tout ce que j'ai de plus cher au monde. O fortune, ô divine Providence, je vous remercie! Venez, mon respectable ami, venez recevoir la récompense que vous réserve depuis long-temps la reconnaissance, l'estime la mieux sentie, l'amitié la plus pure et la plus sincère.» Je ne comprenais rien à ce langage. — *Mon Dieu, que tu es noir,* me dit-elle, la larme encore à l'œil. *Qu'as-tu fait? as-tu donc échangé ta figure avec celle de quelque Espagnol?* Après ce dialogue, ou mieux, ce monologue moitié comique, moitié sentimental, l'on me gronde tout bas de n'avoir pas expédié de courrier pour annoncer notre arrivée; mais on reste toujours avec acharnement suspendue au bras de mon ami. L'on nous menace d'une fort mauvaise chère, et l'on se garde bien de ne pas en rejeter tout l'odieux sur moi. Enfin le trouble, la première agitation causée par notre apparition soudaine s'apaisent, le calme renaît insensiblement, et je charge le nouveau favori de me justifier. Quand il eut raconté la triste aventure du proconsul subalterne, ainsi que les efforts multipliés que nous avions faits pour faciliter sa fuite et le soustraire au danger le plus imminent, la surprise et les réprimandes cédèrent la place au sentiment que notre généreuse conduite devait inspirer à de véritables amis.

L'on s'empara de nous, on renvoya les chevaux de poste. Et qui donc se serait opposé aux volontés de Cécile? Elle allait, venait, disposait, arrangeait, commandait, ordonnait, non sans me lancer quelque diatribe quand je cherchais bénévolement à lui prêter assistance. Elle m'aperçoit un instant la tête inclinéee sur les fourneaux de la cuisine, et sur-le-champ elle vient, *suspenso pede*, attacher à mon dos l'étendart du fouille au pot. Je la punis de son audace, et la contins ainsi dans les bornes du respect et des bienséances. De plus j'avais encore sur le cœur son exclamation : *Mon Dieu, que tu es noir!* Le châtiment ne l'empêcha pas de songer à nos lits, article essentiel; car nous avions passé la nuit précédente à la belle étoile, *sub dio*, dirait-on dans le pays latin, avec la précaution pourtant de nous confiner chez l'aimable sexagénaire; décemment on ne pouvait déroger à l'ancienne habitude. Notre toilette n'était ni fort élégante, ni fort recherchée; on daigna ne pas s'en apercevoir. Cependant, Fabius Cunctator se rapprochait beaucoup de la maman; il ne la quittait pas plus que son ombre, son livre de prières et son chapelet. Cette pauvre maman! l'aventure et le mariage du moine l'avaient totalement bouleversée. « A qui donc se fier, s'écriait- » elle à tous les instans; les maudits moi- » nes! Ma fille, très-jeune encore, les avait » bien mieux jugés que moi; les damnés » de moines! se marier! » — Et peu s'en est fallu que vous ne devinssiez la belle-mère, répliquai-je en plaisantant. — « Je » l'aurais plutôt étranglée de mes deux » mains. » Cette petite colère, dans une femme si calme, si pacifique, me réjouissait beaucoup. Mon ami cependant la suivait partout; prenait-elle un instant de repos, il allait s'asseoir à ses côtés; il cherchait, enfin, toutes les occasions de l'entretenir secrètement et confidentiellement. « Ce diable d'homme a quelque plan dans » sa tête : laissons-le faire, dis-je à Cécile. » Mais il se garde bien de communiquer ses » projets à qui que ce soit. S'il réussit, et ra- » rement il manque d'atteindre à son but » tant ses moyens sont bien combinés, il » vient froidement vous faire part de ses » succès; s'il échoue, il se tait, et prend d'au- » tres mesures, sans devenir néanmoins plus » communicatif. — Je le connais mieux » que toi, répond Cécile; viens, il faut » que je mette sous tes yeux les lettres qu'il » m'a fait l'honneur de m'écrire; je suis » intimement persuadée qu'il veut, avant » son départ pour l'Italie, engager ma mère » à t'adopter pour son fils dans toutes les » formes prescrites par les lois civiles et re- » ligieuses; oh! cette dernière clause ne sera » pas oubliée; mais je te préviens que ce

» n'est point de ma mère que viendra, dans
» ce moment, la plus forte et la plus vi-
» goureuse opposition. — Et pourquoi donc,
» mademoiselle, repris-je avec assez d'hu-
» meur? Ne suis-je pas toujours le même?
» Mon absence et mon exil auraient-ils...?
» — Tu m'offenses...; mais point d'alter-
» cation... : j'en développerai les raisons
» devant ton ami; s'il ne parvient pas à
» m'en démontrer la futilité, je persiste;
» mais s'il en triomphe, et mon cœur n'est
» que trop porté à lui donner gain de cause;
» mon bon ami..., quoi donc! il faudra
» bien se soumettre.... Mais viens, viens,
» que je te fasse lire cette correspondance.
» Oui, je suis fière d'avoir pour amant ce-
» lui qu'un tel homme a jugé digne de
» toute son amitié. Vois-tu, ce sont là tes
» lettres. Je pourrai les perdre, les brûler,
» que m'importe..., il n'y aurait que l'écri-
» ture de changée...; mais les siennes, je
» les relis toujours avec un nouveau plai-
» sir. Quel ami! quelle prudence! quelle
» habileté à déjouer les complots de tes en-

» nemis ! Voilà bien les infernales intri-
» gues de ce brigand de moine.... Avec
» quel acharnement il te poursuivait... Il
» osa mettre ton salut au prix... Le scélé-
» rat ! Examine ce que me répondit à ce
» sujet ton Fabius. *Si vous pouviez con-*
» *sentir à tant d'ignominie, je ne pré-*
» *viendrais pas mon ami, j'irais moi-*
» *même vous délivrer d'une existence qui*
» *ne serait pour vous, dans la suite, qu'un*
» *horrible fardeau. Le véritable amour*
» *ne s'avilit jamais ; il descend au tom-*
» *beau, mais la vertu l'y suit.* »

N'allons pas plus loin, mon amie, ma curiosité pourrait te déplaire. — Non, non, je le veux, je l'exige, et tu m'obéiras ; il me reste si peu de temps à l'exercer, qu'il faut bien que j'abuse un peu de mon autorité. — J'allais répliquer, lorsque le général se présente. — Bien, bien, le tête à tête, la correspondance ; mais au moins, mademoiselle, avez-vous respecté mon secret ? — Cécile rougit, je baisse les yeux. — Moi, j'ai respecté le vôtre. Jamais votre ami n'a connu la situation critique dans laquelle il se trouvait; sans ma prudence, que seriez-vous devenus? Votre conduite serait-elle une conséquence de quelques mouvemens de jalousie?—Ah! non, non, monsieur, reprit Cécile avec une extrême vivacité, cette passion ne pénètre pas dans les âmes de la trempe des nôtres; moi seule, moi seule suis la coupable.—Plaisanterie! l'empire de la jalousie est universel, et de quel droit voudriez-vous être exempts de la rétribution générale qu'elle exige?—Les amans jaloux, répliquai-je, ne sont que des amans vulgaires, quoi qu'on en dise; cette passion n'émane-t-elle pas de l'amour-propre ou de la vanité? Croyez-vous nos âmes entachées de ces vices?—De la vanité, non; de l'amour-propre, oui, et d'un amour-propre poussé jusqu'à l'orgueil.—C'est vous, dit modestement mon amie, qui m'avez rendue orgueilleuse en m'accordant votre estime et votre amitié; c'est vous qui, dans mon âme, avez fait germer ce défaut.—Si c'en est un, ma chère petite, l'orgueil ne peut entrer dans une âme étroite et retrécie; il n'y a là juste de la place que pour la vanité. Mais pourquoi rester enfermés entre les quatre murs d'une chambre; la journée est si belle, l'air est si pur dans cette jolie campagne, allons respirer : il offrit son bras à Cécile, et nous descendîmes dans le jardin. Parvenus à quelque distance de la maison, sous une voûte d'acacias et de sycomores, un banc tapissé de verdure semblait nous engager au repos. Je n'en aurais pas été fâché; ce banc me rappelait le plus doux instant de ma vie : l'ariette italienne, le pupitre, et la bataille des pêches qui en fut le comique corollaïre; mais on feignit de ne pas le voir, et quand le massif des arbres nous eut dérobés aux regards de Bastien et de ses acolytes, le général rompt le premier le silence, et dit à Cécile :

LE GÉNÉRAL.

Tout ne doit-il pas avoir un terme ici-bas? Si j'avais eu le bonheur de trouver une femme dont les mœurs douces, le caractère égal, l'amabilité, les talens, eussent fait vivement ressortir sur mon âme ce précepte gravé des mains de la nature : *Mortel, ne traîne pas seul ta passagère existence*, je n'aurais pas si long-temps attendu pour obtempérer à la voix de la conscience. Un jour je crus arriver au terme de mes désirs, je fus vaincu par un ennemi plus adroit que moi ; qu'y faire? Dans les revers, n'y a-t-il pas encore une espèce de gloire à recueillir? Après ma défaite je devins prudent, méticuleux même. Et comment, de jour en jour, s'empêcher de ne pas devenir plus difficile, quand vous m'avez offert en réalité l'exact et brillant tableau que s'était tracé mon cœur, ou, si vous le voulez, mon imagination? Mais si l'amour m'a refusé ses faveurs et ses consolations, l'amitié n'a-t-elle pas compensé mille fois les rigueurs du perfide? J'ai bien, jusqu'à présent, fait quelque chose pour elle, mais avais-je rempli tous les devoirs qu'elle exige de moi? Non; la fortune m'en a présenté l'occasion, et je l'ai saisie avec avidité. Tout ne doit-il pas avoir un terme ici-bas, et vous paraissiez l'oublier?...

CÉCILE.

Et ma mère, monsieur, l'avez-vous consultée avant de vous ériger en arbitre souverain de notre future destinée?

LE GÉNÉRAL.

Vous devez assez me connaître, Cécile. Je sais fort bien que vous n'êtes pas femme à faire signifier, par le ministère d'un huissier, des actes respectueux. Si je n'avais pas son approbation...

CÉCILE.

Je vous remercie infiniment, monsieur, de la peine que vous avez voulu vous donner, par bonté de cœur, sans doute. J'entrevois le but du voyage : cette marche un peu tortueuse a lieu de me surprendre; mon ami sait combien peu j'aime les détours, et je crois ne vous avoir jamais donné le moindre prétexte de m'accuser d'indifférence ou de soupçonner ma franchise.

L'AMI.

Je suis absolument étranger à cette démarche, mademoiselle... Ma Cécile! nous crois-tu, me crois-tu capable d'avoir voulu, par des moyens insidieux, hâter un moment, vivement désiré je l'avoue, mais que notre situation réciproque met en entier à ta disposition?

LE GÉNÉRAL.

Pourquoi se gendarmer? Quand il s'agit d'être utile et de faire le bien, je ne consulte jamais personne, et vous ne l'ignorez pas. Osez donc dire que je n'ai pas bien fait, et je passe condamnation; oui, je veux, je prétends vous voir unis avant mon départ pour l'armée d'Italie. Je ne sais quels pressentimens m'obsèdent; j'ai beau, pour les repousser, appeler à mon secours toute la force de ma raison, elle est impuissante, et je ne serai tranquille que quand...

CÉCILE, *émue.*

Rien ne les autorise, et c'est peut-être un excès de délicatesse, général, qui vous fait recourir à cet adroit, mais honnête subterfuge; mais votre attachement ne me permet plus d'avoir le moindre secret pour vous. Examinez, contemplez un moment l'extrême bonheur dont je jouis. J'ai d'abord l'estime de moi-même, et sans cela, point de félicité dans ce monde; fille unique d'une mère chérie, je n'ai point abusé de sa faiblesse, et mon choix n'a pas été désapprouvé quand je suis venue, dans son sein, déposer mon secret, et mettre sous ses yeux tous les mouvemens de mon cœur. Mon amant est devenu son fils; et ce fils, malgré quelque faiblesse dans le caractère, quelques emportemens de son imagination, n'est pas tout-à-fait indigne de partager la destinée d'une femme honnête, sensible, mais ferme, et sachant comprimer avec énergie toutes les passions qui pourraient altérer la paix de son âme. Serait-il votre ami s'il végétait dans la classe inaperçue des amans vulgaires? s'il ne m'eût recherchée que pour satisfaire la plus vile, la plus ignoble des passions, la soif de l'or? Et ce qui donne à ma félicité la plus grande extension, c'est qu'il n'aime que *moi*, qu'il ne veut que *moi*, abstraction faite de tout ce qui m'entoure. Serais-je née dans une chaumière, j'aurais eu sur lui la même influence : c'est donc ce *moi* qu'avec tant de plaisir je lui accorde, abstraction faite de ce qui l'environne et de sa position dans les rangs de la société. Malgré ses infortunes, malgré ses légères aberrations d'esprit qui m'ont inspiré tant de crainte, n'ai-je pas été, ne suis-je pas l'amante la plus heureuse? Pouvais-je mieux choisir? Mais je ne puis l'exposer aux traits de la calomnie, sans en ressentir les atteintes, et que deviendrait alors ma félicité?

L'AMI.

Puisse le ciel me confondre et m'anéantir, si je trouble jamais la sérénité de cette âme céleste et digne de son origine!

CÉCILE, *avec aménité.*

Point de sermens, mon ami; en ai-je jamais exigé de toi? L'honnête homme promet, et tient sa parole; qu'a-t-il besoin de se lier par l'intervention de l'Être-Suprême? Il ne peut chercher d'autre garant que son cœur, sans offenser la majesté divine; et vous, général, n'êtes-vous pas venu pour étendre encore la sphère de bonheur dans laquelle j'existe? amis, parens, époux, ne suis-je pas le centre vers lequel tout gravite? ne puis-je pas, à mon gré, pour me servir des expressions de mon honoré maître, imprimer tous les mouvemens d'attraction et de répulsion?

LE GÉNÉRAL.

Mais n'appréhendez-vous pas, mon intéressante amie, de voir se dissiper, comme un nuage éphémère, cet état délicieux de béatitude qui vous enchante et vous charme? n'y aurait-il pas un peu d'égoïsme à ne vouloir pas qu'il fût partagé?

CÉCILE, *avec force*.

Loin de moi, général, une semblable pensée; et si j'étais persuadée que mon ami ne partageât point toutes mes affections; si je croyais qu'il ne fût pas heureux, plus même qu'il ne le sera de sa vie, je ne balancerais pas de m'unir à lui plus étroitement, afin de l'assimiler à moi. Mais ces hypothèses ne sont pas admissibles; dès-lors une grande considération m'arrête, et je compte trop sur votre justice pour croire que vous chercherez, par de spécieux sophismes, à atténuer la force de mes objections. Mon ami m'assure qu'il est étranger à la démarche que vous avez faite auprès de maman. Il dit vrai; car, envers moi, jamais il ne s'est abaissé jusqu'au mensonge; est-ce dans ce moment décisif qu'il voudrait se servir d'une arme qu'il ne connaît pas? Il se blesserait lui-même; preuve évidente qu'il est heureux. Mais ne croira-t-on pas que vous n'avez multiplié vos instances que dans la crainte de voir votre ami privé, par un événement quelconque au-dessus de toute prévoyance humaine, d'un état sortable aux yeux de ses concitoyens? Ne dira-t-on pas peut-être qu'il a su profiter avec adresse de l'ascendant qu'il avait sur mon cœur pour accélérer une union à laquelle, d'après les préjugés à la mode, sa fortune ne lui permettait pas d'aspirer? Je veux, je prétends que mon époux soit aussi pur, aussi exempt de censure et de blâme que moi, et j'agirai si bien qu'il sera même respecté par l'opinion publique. C'est le dernier degré de bonheur, c'est la clef de la voûte. Je ne suis point de ces femmes hardies qui la foulent aux pieds; en sont-elles plus heureuses? En vain me l'affirmeraient-elles, j'aurais la plus grande peine à les croire. Presque toute la contrée est instruite du vif intérêt que je porte à votre ami. Eh bien, j'ai imposé silence, je ne dis pas à la calomnie, elle ne peut m'atteindre, mais à la médisance. On s'est borné à dire que j'étais trop fière pour commettre la moindre imprudence, la moindre faute; les ignorans! il fallait dire que j'étais trop heureuse; alors ils ne se seraient point trompés. (Ici le général fit un mouvement qui annonçait, et sa surprise et son admiration). Demandez-lui s'il n'a pas savouré lui-même avec délices cette satisfaction qui flattait tant mon cœur? demandez-lui s'il n'a pas été fier de la prééminence que mon caractère me donne sur le sien? Il n'ignore pas que ce pouvoir, dont je n'ai usé que pour notre intérêt commun, je l'abdiquerai dès l'instant que je pourrai le faire sans porter atteinte à notre réputation mutuelle. Jusqu'à ce jour j'ai conduit mon frêle navire avec assez d'habileté ; permettez-moi, je vous en supplie, général, permettez-moi de continuer à le diriger seule vers le port. Il ne se mêle, dans mes instantes prières, aucun sentiment d'amour-propre ni de vanité ; si je ne me sentais pas assez forte pour tenir le gouvernail, je réclamerais sans rougir votre appui. Réfléchissez, voyez si j'en ai besoin. Avez-vous quelques raisons plausibles à m'opposer ? ne craignez pas de les développer ; si je les trouve concluantes, je me tais et j'obéis.

LE GÉNÉRAL.

Heureux ami ! si toutes les femmes lui ressemblaient dans ce monde, la terre serait un séjour de délices, et l'hymen un joug auquel personne ne voudrait se soustraire. Que répondrai-je ? toutes les raisons suggérées par l'esprit s'anéantissent devant le langage du sentiment, et le sentiment n'est-il pas l'expression de la raison par excellence ?

L'AMI.

Je me sens trop ému, mon ami, soutiens-moi.

LE GÉNÉRAL.

Ame faible et pusillanime!

CÉCILE, *avec vivacité.*

Non, général, il n'est que trop sensible, et la multiplicité des sensations qu'il éprouve doit lui servir d'excuse aux yeux de l'amitié; viens, mon ami, viens, je te soutiendrai moi-même.

LE GÉNÉRAL (*les larmes aux yeux*).

La scène est violente, Cécile; vous portez au comble le trouble qui agite l'âme de votre époux, permettez-moi de lui donner ce titre; je crains son exaltation; je renonce à mon projet; plein de confiance en vous, je vous rends toute votre liberté; mais me laisserez-vous partir pour l'Italie?

CÉCILE, *avec calme.*

Je ne puis dans ce moment assigner une époque fixe et déterminée; mais, général, vous voyez que ma mère s'affaiblit tous les jours, qu'elle a besoin d'un tout autre soutien que moi; mon oncle commence à ressentir les infirmités de la vieillesse, il faut un jeune chef à la maison, et je me charge de le lui donner. Nous irons ensuite vous joindre dans ce beau pays; je veux voir, de mes propres yeux voir s'il mérite bien le titre pompeux qu'on lui donne de *jardin de l'Europe*. Quand partez-vous, général, pour cette magnifique région, mon *Fabius Cunctator*, le *Temporiseur?* car il a fallu, bien fallu me faire expliquer ce terme pour en connaître la signification; si je ne redoutais pas la formidable accusation de femme savante, je vous donnerais bien un autre surnom.

LE GÉNÉRAL, *en riant.*

Et lequel, s'il vous plaît?

CÉCILE.

Je ne puis ni ne dois, par respect pour mon savant ami, prononcer ce vieux terme; ma mémoire, assez ingrate quand il s'agit d'antiquité, me trahirait peut-être, et je n'aime pas à rester court, comme un prédicateur de village; je vous dirai cependant qu'il y a, je crois, de la *célérité* dans ce qualificatif.

LE GÉNÉRAL.

Ah! ah! *Domitius Celer;* le pauvre chevalier! il fut battu de verges et mis à mort pour un crime qu'il n'avait pas commis, et que fort heureusement on ne trouve plus de nos jours à commettre. *Celer* tant qu'il vous plaira, mais je vous préviens que je réclame mon vieux nom de guerre; le nouveau me retracerait sans cesse un essai qui, vous en conviendrez, n'a pas été fort heureux.

CÉCILE.

Plus heureux que vous ne le croyez; mais point de rancune, général, et pour preuve que je ne veux point violer les lois de l'hospitalité, ni m'enorgueillir d'un léger triomphe, en nous donnant la main, offrons un sacrifice à Jupiter Hospitalier: admettons en tiers mon ami; n'est-il pas le grand-prêtre?

L'AMI.

Bien; me voilà prêt et disposé à recevoir les offrandes de mes deux néophites.

CÉCILE, *en l'embrassant.*

Oui, mon ami, que la mienne soit le sceau de notre entière réconciliation; mais je vous en prie, messieurs, laissez-moi, laissez-moi jouir des derniers momens de mon indépendance.

C'est ainsi que se termina cette conversation, d'abord extrêmement animée, dans laquelle, comme on le voit, je jouais un rôle assez passif, et dont aucun de nous, certes, n'avait prévu l'issue. Mon avocat était un maître homme en fait d'improvisation; il croyait la victoire assurée; mais il eût affaire à forte partie; et quand il se vit complètement battu, ne chercha-t-il pas à se mettre sous mon égide! Comme l'on peut facilement s'en apercevoir, son adversaire lui coupa la retraite, de sorte qu'il fut obligé de capituler, et de se rendre à discrétion. Les concessions que l'on voulut bien lui faire dans la suite ne furent que de pure bienveillance. Tout ce qu'avait dit Cécile était si simple, si vrai, si naturel, ses raisonnemens d'une évidence si manifeste, que le premier je désertai le parti que j'avais d'abord avidement embrassé. Le général s'en aperçut, et n'insista plus; on me sut quelque gré de mon silence et de ma discrétion. J'en fus récompensé sur-le-champ. Cécile s'approche de moi, prend ma main, et, la plaçant sur son cœur : *Dans trois mois, c'est dans cette main,* dit-elle en la pressant vivement, *que je remets toute mon autorité...* Je ne sais pourquoi mon cœur ne tressaillit pas d'une joie convulsive! je ne sais pourquoi je n'éprouvai pas la plus vive émotion! Le plaisir, comme la douleur, parvenu au dernier degré d'intensité, nous rendrait-il insensibles? ou bien, parmi les facultés de l'âme, existe-t-il une espèce d'instinct qui nous annonce quelque grande infortune, en nous jetant dans un abattement, dans une tristesse mélancolique dont il est impossible de se rendre compte?

J'étais en proie à ces pénibles réflexions, sans répondre à ma bien-aimée, quand Grézieu, qui nous avait précédé de quelques pas, afin de nous donner, après une explication si vive, le temps de reprendre nos esprits en toute liberté, revint paisiblement vers nous. « Eh bien! la décision? » demanda-t-il avec une indifférence qui » n'était pas naturelle.—Dans trois mois, » lui dis-je tristement; ce sont ses der» nières volontés. — Partirez-vous avant?

» — Je ne le présume pas ; mais, pour être » témoin d'une union, objet de tous mes » désirs et de toutes mes inquiétudes, je » franchirais tous les obstacles, et je re- » viendrais en toute hâte des extrémités » du monde. » Cette nouvelle preuve d'une amitié si constante, si sincère, loin de faire diversion et d'alléger le poids dont accablaient mon âme des vagues mais noirs pressentimens, allait en accroître la force, en prolonger la durée, lorsque Cécile, se plaçant au milieu de nous, et reprenant toute sa gaîté : « Je » viens de remplir les devoirs d'une fille » obéissante et soumise ; je crois avoir par » ma promesse assuré le bonheur de mon » ami, souscrit aux vœux de la bienveil- » lance ; il ne me reste maintenant qu'à » penser à mes hôtes ; que puis-je faire qui » leur soit agréable ? Parce que monsieur » ne veut point se battre, et que son ami » semble déconcerté par un refus qui n'en » est pas un, resterai-je comme eux ense- » velie dans un océan de réflexions ? » Et, s'élançant aussitôt avec la légèreté d'une biche : *Qui m'aimera me suivra,* s'écria-t-elle en volant avec la plus grande vélocité. Nous restâmes stupéfaits de voir tant de légèreté, tant d'étourderie réunies, dans un seul et même individu, à tant de prudence, à tant de sagesse, à tant de circonspection. Notre indécision ne dura pas une seconde, et nous poursuivîmes la sylphide avec la plus grande vivacité, mais inutilement; la folle était déjà dans son cabinet de musique, à tout bouleverser. Nous arrivons essoufflés, et, pour prix de mon empressement, car j'étais arrivé le premier, elle me jette au nez toutes ces vieilles romances, assez ennuyeuses, il est vrai, mais romances que j'avais apportées de la capitale à l'époque où l'on ne jouait sur ses théâtres que les *Victimes cloîtrées,* ou bien *Philippe et Georgette*, c'est-à-dire les Suisses de Château-Vieux. Ensuite, se tournant vers le général : « Monsieur, ajouta-t-elle, le hasard me sert à merveille, et voici l'apologie de l'inconstance, composée devinez par qui? — Mais, ma chère, ce n'est qu'un pitoyable essai que tu n'aurais pas dû conserver. Mauvais fruit d'un pari, et jamais les paris ont-ils produit rien de supportable? — Oh! mon ami, rien de piquant comme l'éloge de l'infidélité dans la bouche du serviteur le plus soumis, le plus dévoué, le plus obéissant, et qui porte ses chaînes avec tant de résignation, tant de patience. » Elle prononçait ces mots avec un sel, un ton ironique qui me désolait. J'allais me fâcher; mais un regard me désarme, et, chargeant alors le général de son instrument portatif, et moi de son énorme in-folio, dans lequel était enregistré de sa propre main tout ce qui l'avait charmée, soit en musique, soit en poésie, elle nous traîne à sa suite, vivantes images de ces chanteurs ambulans sur les pas d'une *dilettante*. Nous l'accompagnons, affublés de tout son bagage, jusque sous le berceau, que n'abandonnait presque jamais la maman, à moins que le mauvais temps, ou l'heure du dîner, ou l'*Angelus* ne l'arrachassent à ce joli cabinet de verdure.

« Nous n'osions guère nous présenter devant elle après l'échec que nous venions d'éprouver, et nous ne nous empressions pas d'arriver. « Avancez, avancez, dit Cécile; un militaire surtout ne doit pas être toujours aux ambulances; ne craignez rien, j'arrangerai votre affaire. » Je la suppliai de ne pas pousser plus loin la plaisanterie; qu'elle allait me faire un mal horrible. « Que n'avons-nous ici la marquise; comme cette apologie de l'inconstance la réjouirait! ne l'avais-tu pas, dis-moi mon ami, dans ton portefeuille à Meaux? Quel lénitif! » c'était ajouter le sarcasme à la malice; trève, trève, chantons, et nous sommes à vos ordres, avez-vous besoin du pupître? « Non, non, je ne veux point que l'infidélité soit dans ton cœur, ni sur ton dos. » Malgré son flegme habituel, Grézieu ne put s'empêcher de sourire à cette saillie, et l'on chanta. Le lecteur me permettra bien de mettre sous ses yeux ce faible essai de ma jeunesse;

(l'air est celui d'une danse assez gaie, le motif de la musique passable, et le mouvement *prestò*, mais on peut le dédoubler.)

MONFÉRINE.

Vous qui nuit et jour
Tremblez au seul nom de volage,
Belles, à sa cour
Venez voir voltiger l'amour. } *bis.*
Rien n'est plus joli
Que son élégant badinage,
Jamais après lui
Ne marche la peine ou l'ennui. } *bis.*

A ce pauvre enfant
Gardez-vous bien de couper l'aile,
Il meurt au moment
Qu'il n'est plus dans son élément. } *bis.*
Du roi de l'univers
Le plaisir, compagnon fidèle,
En voyant ses fers
L'abandonne et fuit dans les airs. } *bis.*

Laisse, ô ma Ninon,
Laisse voltiger l'infidèle,
Qu'en vrai papillon
De la rose il coure au bouton. *bis.*

Ne l'enchaîne pas,
Ce fils de l'aimable immortelle,
Prisonnier, hélas!
Il mourrait bientôt dans tes bras. *bis.*

« Marivaudage! misérable école de Gen-
» til-Bernard et de Pezai! s'écria le géné-
» ral; c'est assez joli, mais rien que joli;
» enlevez ce faible tissu de légèreté, que
» reste-t-il? rien; le poète fait ordinaire-
» ment mieux, et j'ai lu de lui quelques
» morceaux qui me donnent de son talent
» une plus haute idée. — L'amitié ne loue
» pas, général, elle approuve ou censure.
» — Pour moi, dit gravement la sous-
» maîtresse de la maison, j'aime mieux sa
» prose; je ne sais où il va chercher ses
» expressions, mais il à l'art de commu-
» niquer à mon âme toutes les affections
» qu'il veut lui donner. — Ah! Cécile,

» je le porte toujours avec moi ce pathé-» tique dictionnaire ; n'est-il pas au fond » de mon cœur ? — Avec l'éloge de l'in-» constance, » ajouta la malicieuse cantatrice ; et reprenant sa monférine, elle en répéta les paroles, doubla le mouvement, et nous obligea d'admirer, en riant, la volubilité de sa langue, qui toutefois n'enlevait rien à la brillante harmonie de sa voix ; et mon général de s'écrier encore au marivaudage. Tout écrivain paye le tribut à son siècle : que j'avais raison d'émettre cette sentence ! toutes les belles pages de nos auteurs classiques ne portent-elles pas les stigmates de l'absolutisme le plus insupportable ? dans le siècle suivant, la licence et le philosophisme ne se montrèrent-ils pas dans tous les écrits sous un voile plus ou moins transparens ? et dans le nôtre, la politique ne pénétra-t-elle pas partout ? elle s'insinue même dans les grands problèmes d'arithmétique ou d'algèbre ; demandez à M. Charles Dupin si je ne dis pas la vérité !

Le dîner fut gai ; l'on ne parla point de la grande conversation ; la maman causa bien quelques instans avec le général, mais par une saillie, la demoiselle rompait bientôt le fil de l'entretien. L'on ne revint que trop souvent à l'éloge, à l'apologie de l'inconstance; c'était une source intarisable d'épigrammes et de traits piquans. Des mets exquis, quoique simples, n'en garnissaient pas moins cette table champêtre; que dirai-je d'un excellent gigot à la pistache, c'est-à-dire, flanqué d'une immense quantité d'aulx, capable d'asphyxier Horace, mais de faire sourire M. de Marcellus? à ses côtés s'élevait un large pâté dont les murs crénelés nous menaçaient d'une longue résistance ; pris d'assaut, l'intérieur ressemblait parfaitement au fameux sanglier à la troyenne des gastronomes romains. Mes goûts particuliers ne furent point soumis à de pénibles privations; des gateaux et des fruits en abondance; mais on n'avait pas oublié de placer au-devant de moi la plus belle pyramyde de pêches, et l'on ne manqua point de gloser sur un certain penchant, une certaine prédilection pour ces fruits dont la forme avait un grand pouvoir sur mon imagination, et dont la chair glutineuse et suave bouchaïent à merveille les circulaires petites fosses de ma pauvre figure; ce souvenir, malignement rappelé, ne m'empêcha point de ravager impitoyablement les beaux vases où semblaient se pavaner les riches présens de Pomone. J'étais et suis encore un véritable pythagoricien; Cécile avait mis les gaufres à côté d'elle, elle n'en offrit pas; projets hostiles; je vis la manoeuvre.

FIN DU SECOND VOLUME.

www.ingramcontent.com/pod-product-compliance
Ingram Content Group UK Ltd.
Pitfield, Milton Keynes, MK11 3LW, UK
UKHW020458200726
13857UKWH00002B/755